AF833331

Daniel Bloch

CREATING IDENTITY

Von der Bewegungsfreiheit mit dem Vorderrad

knapp

CREATING IDENTITY

«WERDE, DER DU BIST.»

Pindar, antiker Dichter

INHALTSVERZEICHNIS

Vorwort 13

Kapitel 1 – How I met my client 23

Kapitel 2 – Der innere Erfolg 65

Kapitel 3 – Der höhere Plan 105

Schlusswort 145

Dank 151

Biografie 157

POUR
MICHÈLE

«WIR ERZÄHLEN
UNS GESCHICHTEN,
UM ZU LEBEN.»

Joan Didion, amerikanische Autorin

VORWORT

Unter einer aufklappbaren Sitzbank an unserem Esstisch in Bern bewahre ich einige alte Fotos und Briefe auf. Selten genug nehme ich mir die Mühe, die Sitzbank aufzuklappen und in den alten Erinnerungen herumzuwühlen. Leider ist alles sehr unsystematisch und unsachgemäss aufbewahrt. Dafür erlebe ich immer wieder Überraschungen, wie kürzlich, als mir ein Brief in die Hände geriet, den mir eine Freundin zum 21. Geburtstag geschrieben hatte. Darin beschreibt sie, wie sie auf der Suche nach einem geeigneten Geschenk für mich auf ein Poster des surrealistischen Künstlers René Magritte gestossen sei. Auf dem Bild ist ein grosser grüner Apfel zu sehen, der in einem Zimmer mit Wänden aus grauen Backsteinen eingesperrt ist. Zu ihrer Wahl schreibt meine Freundin:

«Es hat mich so angesprochen, das Bild, dieser grosse, saftige, reife Apfel, der eingesperrt ist. Er war vielleicht mal klein und zart und mit der Zeit ist er dann gewachsen, herangereift, aufgeblüht, doch plötzlich ist er gegen kalte, einengende Mauern gestossen. Von aussen sieht man durch das kleine Fenster nur ein winziges Stück von dem herrlichen Apfel, doch von seiner wahren Grösse und Schönheit hat man keine Ahnung. Umgekehrt ist es auch für den Apfel äusserst schmerzhaft, er möchte sich weiterentfalten, möchte zum Genuss und zur Freude dienen, aber er wird gehemmt.»

Auch mich hat das Bild angesprochen. Vielleicht lebten der Apfel und der Raum einmal ganz friedlich miteinander, doch plötzlich rivalisieren sich zwei Welten. Aus der Dualität ist ein Duell geworden. Der Apfel gegen die Mauer, Natur gegen Zivilisation. Der Betrachter ergreift intuitiv Partei für den Apfel, für das Lebendige und gegen die leblosen Mauern. Doch es könnte auch sein, dass der Apfel die Frucht eines masslos wuchernden Baumes ist, der Wurzeln in die Tiefe treibt und auf dem Weg, den er sich durch das Haus bahnt, alles verdrängt und bedroht. Als Unternehmer lasse ich mir die Freiheit, die Dinge auch aus einem anderen Blickwinkel zu sehen. Ja, es sind gerade solche Perspektivenwechsel, die den Spielraum schaffen, über scheinbar gegebene Grenzen hinauszukommen.

In *Creating Identity* prallen nicht Äpfel und Mauern aufeinander, wohl aber andere Kräfte: das Neue auf das Etablierte, das Beharren auf das Loslassen, die Wünsche auf Realitäten. Und es geht eigentlich immer um die Frage, ob es möglich ist, die Umgebung so zu gestalten, dass man nicht nur den Sachzwängen ausgeliefert ist, sondern die Fäden in der Hand behält. Wie Menschen lassen sich auch Unternehmen nie nur von Zahlen leiten, sondern vielmehr von Emotionen, Träumen und Zufällen, von ihrer Fähigkeit, sich auf ihre wesentlichsten Eigenschaften zu besinnen und sie an die veränderten Verhältnisse anzupassen.

Mir ist es wichtig, mich nicht nur auf meine Firma zu konzentrieren, sondern auch zu beobachten, was die anderen so tun. Wenn man sich momentan all die Fernsehserien anschaut, könnte man leicht zum Schluss kommen, dass es die anderen sind, die das ganz grosse Geschäft machen, und dass es ohne ein kleines dreckiges Geheimnis nicht funktioniert. So meinte einmal ein Freund von mir, Bruno Heller, der sein Modehaus in fünfter Generation führt und vor der Übergabe an die sechste steht: «Mein Geschäft läuft gut, doch wir haben nie den Jackpot geknackt, nicht so wie die *Peaky Blinders*.» Es lief auf Netflix gerade die Geschichte des gleichnamigen Clans, der in den Zwanzigerjahren des letzten Jahrhunderts mit unzimperlichen Methoden das britische Wettgeschäft an sich riss und innert weniger Jahre zu einem der einflussreichsten Player auf der Insel avancierte.

Im Vergleich zu diesen filmreifen Erfolgsstorys mag es sein, dass die vielen Firmen, denen es über Generationen gelungen ist, unaufgeregt und kontinuierlich zu wachsen, kraftlos erscheinen. Diese viel zahlreicheren, leisen Fälle sind es aber, die mich schon immer mehr interessierten. Und zwar sowohl diejenigen, die kontinuierlich wachsen, wie auch jene Firmen, die langsam, aber sicher verschwinden, wie das Thomas Mann in seinem Jahrhundertroman «Die Buddenbrooks» so eindringlich dargestellt hat. Es ist oft ein überraschend schmaler Grat, auf dem sich Familienfirmen bewegen und auf dem sich ihr Schicksal zwischen einer erfolgreichen Zukunft und dem Weg ins Verderben entscheidet.

Mit *Creating Identity* beleuchte ich diese Gratwanderung und die Anzeichen, die dafürsprechen, dass eine Firma wie Camille Bloch deswegen lebendig bleibt, weil sie nicht unbedingt besser sein will als die anderen, sondern vor allem immer wieder verstehen möchte, wie sie in diese Welt passt und welche Welt zu ihr passt. Ich beschreibe in drei Geschichten aus meinem Familienunternehmen, wie wir vor grundlegenden Entscheidungen standen und uns nicht für den Weg entschieden, der den Supergewinn versprach, der dafür aber spontane und kooperative Lernprozesse ermöglichte und uns als Unternehmen weiterbrachte. Es waren Ereignisse am Rande unseres bestehenden Geschäftes, für die wir jedoch eine vorhandene Quelle spürten, die uns erlaubte, uns zu engagieren, in Bewegung zu bleiben, uns weiterzuentwickeln und unsere Identität zu stärken.

Die erste Geschichte handelt von einer langjährigen Geschäftsbeziehung und illustriert den Grundsatz, dass es immer möglich, sinnvoll und vor allem befriedigend sein kann, eine langjährige Kundenbeziehung grundlegend zu erneuern. Was wie eine Binsenwahrheit daherkommt, erweist sich in der Realität nicht immer als einfach. Viele Umstände können dazu führen, dass bestehende Beziehungen nur noch verwaltet werden. Neue Märkte zu erschliessen, das klingt schliesslich viel aufregender als Partnerschaften weiterzuentwickeln. Dabei liegt in der Eroberung neuer Kunden und Märkte häufig einfach eine Flucht nach vorne, weil man sich davor scheut, mit Menschen, die man lange kennt, fällige Veränderungen anzugehen. Mit vertrauten Menschen neue Wege zu gehen, kann indessen so viel mehr Emotionen auslösen, als Neukunden zu gewinnen. Aber es braucht Mut.

In der zweiten Geschichte befasse ich mich mit dem Dilemma des Erfolgs, der, wenn er einmal erzielt wird, die Erwartung schafft, ihn zu sichern und zu steigern. Eine Dynamik, die zu Sachzwängen führt und das Unternehmen womöglich auf die Dauer innerlich auszehrt, weil es zwar stetig wächst, aber dadurch nicht unbedingt an Stärke gewinnt.

Anhand einer unserer Innovationen, die zurzeit noch in den Kinderschuhen steckt, beschreibe ich, wie wir uns aufgrund der Marktumstände dafür entschieden haben, vom bewährten Pfad der kontinuierlichen Steigerung abzuweichen und mit einer neuen Marke einen neuen Anfang zu versuchen.

In der dritten Geschichte geht es um Land, das wir in Georgien gekauft haben, um darauf unsere eigenen Haselnüsse anzupflanzen. Da es von der Pflanzung der ersten Bäume bis zur vollen Ernte auf allen Parzellen etwa fünfzehn Jahre dauern wird, könnte diese Investition schon rein aus zeitlichen Gründen das Prädikat «langfristig» in Anspruch nehmen. Der zeitliche Horizont ist für mich aber gar nicht der entscheidende Aspekt an der Sache, sondern die Freude daran, unseren charakteristischsten Rohstoff selbst zu erzeugen. Während grosse Hersteller wichtige Schritte der Produktion auslagern, integrieren wir neue Bereiche und stärken dadurch die Identität unserer Marke und der Unternehmung. Ich beschreibe, wie wir mit vielen unbekannten Gegebenheiten in einem für uns fremden Metier und in einem fremden Land konfrontiert wurden und wie wir uns mental und führungsmässig auf die neuen Situationen eingestellt haben.

Ganz allgemein stelle ich heute fest, dass der allgegenwärtige Begriff der Nachhaltigkeit stärker von Ängsten um die Zukunft geprägt ist als von Hoffnungen. Auguren des

Untergangs beherrschen gerade unsere Aufmerksamkeit. Mit *Creating Identity* möchte ich auch auf Fortschrittsmöglichkeiten hinweisen. Vielleicht liegt gerade in der stillen Kraft einer Mehrheit von Unternehmen eine Hoffnung für die Zukunft.

«FÜR DIE WELT BIST DU IRGENDJEMAND, ABER FÜR IRGENDJEMAND BIST DU DIE WELT.»

Erich Fried, österreichischer Lyriker

PASTRAMI
CUTTER 4
Catering
FOR ALL
CUTTER 5

KAPITEL 1
HOW I MET MY CLIENT

Als Kind fuhr ich mit meinen Eltern und Geschwistern im Sommer häufig nach Italien ans Meer. Auf dem Weg dahin machten wir stets halt in Milano. Dort traf mein Vater seinen damaligen Importeur für den italienischen Markt, Signore Oreggia. Nach dem geschäftlichen Teil zwischen den beiden Herren fand dann jeweils das Nachtessen statt, mit uns Kindern, meiner Mutter und auch mit der Signora Oreggia. So lernte ich die gediegensten Restaurants von Milano kennen. Alles an unseren Geschäftspartnern gefiel mir: Herr Oreggia verströmte diese geschmeidige, mediterrane Grandezza und seine jüngere Frau hatte das makellose Aussehen, das der liebe Gott wohl nur den italienischen Frauen vorbehalten hat und das selbst ein Kind aus der Fassung bringen kann. Dazu passte, dass die beiden eine Passion für den Pferdesport hatten. Sie besassen eigene Rennpferde, die so hiessen wie einige unserer damaligen Schokoladen *Cric Crac* und *Mocca*. Auf diese Weise kam ich erstmals mit dem Exportgeschäft meines Vaters in Berührung und fand es äusserst aufregend.

Gut zwanzig Jahre später begleitete ich meinen Vater an die jährlich stattfindende Internationale Süsswarenmesse in Köln. Diese Messe, abgekürzt ISM, gibt es seit den Siebzigerjahren. Sie ist die weltweit grösste Messe für professionelle Einkäufer von Süsswaren, das heisst Biscuits, Bonbons und Schokoladen. Süsswarenhersteller aus der ganzen Welt mieten dort einen Stand, um ihre Importeure, Kundinnen und Agenten zu treffen oder um neue Partner für neue Märkte zu gewinnen. Camille Bloch ist schon seit den Anfängen der Messe mit einem Stand präsent. Als Kinder erwarteten wir jeweils im Februar ganz ungeduldig die Rückkehr unseres Vaters aus Köln, weil er uns immer alle möglichen Süssigkeiten von befreundeten Produzenten mitbrachte.

Nun durfte ich also, Anfang dreissig und frisch in den väterlichen Betrieb eingestiegen, zum ersten Mal mit ihm an diese legendäre Messe fahren. Wir fuhren an einem Samstagmorgen im späten Januar mit dem Zug von Bern nach Köln dem Rhein entlang. Auf dieser geschichtsträchtigen alten Zugstrecke sprach mein Vater über sein immer noch mulmiges Gefühl bei der Ausreise von Basel nach Deutschland, nach allem, was in diesem Jahrhundert dort geschehen war. Er sprach von Karl dem Grossen, der in Karlsruhe seine letzte Ruhestätte gefunden hatte, über die geheimnisvolle Loreley, jedoch kaum über die Exportkunden. Diese würde ich in den nächsten vier Tagen ja ohnehin kennenlernen.

Die Messewelt von Köln

Es war also meine erste Messe und würde, was ich damals nicht wissen konnte, auch die letzte sein, die ich gemeinsam mit meinem Vater besuchen sollte. Wir waren zu dieser Zeit in zahlreichen Exportmärkten präsent, in einigen davon – etwa in Deutschland und Frankreich – sogar durch mehrere Importeure vertreten. Unsere Geschäftspartner erschienen im Halbstundentakt an unserem Stand. In jedem Gespräch ging es um eine andere Ausgangslage, andere Ziele, andere Sortimente und andere Menschen. Es war für mich unheimlich beeindruckend, zu erleben, wie akribisch mein Vater auf jedes einzelne Gespräch vorbereitet war, wie gut er die Kunden kannte, ihnen seine volle Aufmerksamkeit schenkte, obwohl die Umsätze zum Teil für beide Seiten lächerlich schienen. Es machte für ihn keinen grossen Unterschied, ob er mit einem kleinen Importeur sprach, für den wir ein wichtiger Prinzipal waren, oder mit einem Importeur, der neben unseren Produkten Weltmarken betreute und für den wir wirklich ein völlig marginales Geschäft darstellten. Auf der anderen Seite schienen alle Gesprächspartner sehr gerne und mit enormer Achtung mit meinem Vater zu sprechen. Er war ein angesehener Geschäftsmann.

Mein erster Messetag begann gleich mit dem Gefühl, dass das Schokoladegeschäft doch nicht so aufregend war, wie ich es mir in jungen Jahren vorgestellt hatte. Die hochfliegenden Ambitionen auf dem italienischen Markt, die heissblütige Strategie mit Rennpferden als Markenbotschafter, kurzum: meine romantischen Vorstellungen aus der Kindheit hatten sich längst in Luft aufgelöst. Anstelle meiner kindlichen Helden sass jetzt etwa ein halbes Dutzend dunkel gekleideter älterer Herren mit langen grauen Bärten am Sitzungstisch. Es waren die Distributoren unserer koscheren Schokolade. Sie vertrieben unsere Schokoladen in der ganzen Welt. Der Anteil vom Koscher-Geschäft an unserem gesamten Umsatz lag insgesamt deutlich unter fünf Prozent, aber es stellte den einzigen Bereich dar, in dem unsere Produktion überwiegend in den Export ging. Der Hauptmarkt waren schon immer die USA gewesen. Weitere Märkte waren Israel, Grossbritannien, Frankreich und Belgien und ein kleiner Anteil wurde auch in der Schweiz vertrieben. In jedem Land war ein anderer Importeur zuständig. Alle kannten sich und stimmten mit uns und untereinander die Strategie ab.

Die Anfänge des Koscher-Geschäfts

Schon mein Grossvater hatte in den Fünfzigerjahren mit der Produktion von koscherer Schokolade angefangen. Von Beginn an arbeitete er mit der Agentur Herzberg aus Zürich zusammen. Die Agentur suchte in den verschiedenen Märkten die geeigneten Vertriebspartner und hatte den Kontakt zum Rabbinat, das in Courtelary die Einhaltung der Koscher-Regeln überwachte. Dieses bürgt am Ende mit seinem Gütesiegel, dem sogenannten *Hechscher,* dafür, dass die Schokolade die traditionellen Speiseregeln nicht verletzt.

Das Koscher-Zertifikat, das wir seit jener Zeit verwenden, wird uns vom Rabbinat Westheim aus Manchester in England ausgestellt. Es ist ein strenges Koscher-Label, das auch von orthodoxen Juden anerkannt wird. Die Anforderungen, um ein Produkt mit diesem Label versehen zu können, gehen sehr weit. Dies, obwohl sich diese Schokolade von nicht-koscherer Schokolade nur geringfügig unterscheidet. Hauptsächlich geht es um zwei Punkte: In der *kosher for passover*-Schokolade darf es erstens keine Rohstoffe haben, die aus Getreide gewonnen werden, wie zum Beispiel Soja-Lecithin. Das Verbot, Getreide zu essen, gilt ausschliesslich während des achttägigen Pessachfests und soll an den Auszug der Juden aus Ägypten erinnern, als sie Hals über Kopf fliehen mussten und keine Zeit hatten, den Brotteig aufgehen zu lassen. Zweitens ist es nach jüdischer Tradition generell verboten, milchige und fleischige Gerichte zu vermischen. Das Gebot der Trennung kommt direkt aus der Bibel. «Du sollst das Lämmchen nicht in der Milch der Mutter kochen», heisst es dort. Aufgrund dieser strikten Trennung müssen wir nachweisen, dass die dunklen Schokoladen, die wir als milchfrei deklarieren, auch wirklich keine Milch enthalten.

Ausserdem dürfen in koscherer Schokolade allgemein nur Rohstoffe eingesetzt werden, die der Rabbiner ausdrücklich genehmigt hat. Bevor wir mit der eigentlichen Produktion von koscherer Schokolade beginnen können, muss die ganze Fabrik gründlich nach koscheren Regeln gereinigt werden, was gut eine Woche dauert. Danach produzieren wir während rund zwei Wochen. Alles in allem sind alle unsere Anlagen jährlich drei Wochen ausschliesslich für die Koscher-Produktion reserviert, was die ganze Produktionsplanung natürlich erschwert.

Wenn wir jeweils an der Internationalen Süsswarenmesse unsere Koscher-Importeure treffen, drehen sich die Gespräche meistens um immer dieselben Themen: Mengen, Termine, der starke Franken und Neuheiten. Entlang dieser Linien verlief auch das Gespräch damals an meinem ersten Messetag am späten Sonntagnachmittag. Der Wortführer war eindeutig Henri Schmidt, der amerikanische Importeur. Er hatte seine Frau Pesi mitgebracht, die sich zurückhielt. Die anderen drei Herren waren für Grossbritannien, Belgien und Israel zuständig. Die Agentur Herzberg war nicht anwesend.

Ein Bekannter aus New York

Henri Schmidt hatte ich vorher schon einmal in New York getroffen. Ich arbeitete damals noch nicht für die Firma Camille Bloch, sondern absolvierte ein Praktikum in einer New Yorker Rechtsanwaltskanzlei. Damals war schon geplant, dass ich nach meinem Aufenthalt in den USA ins Familienunternehmen einsteigen würde. Also bot es sich an, unseren langjährigen Importeur aus Brooklyn kennenzulernen. Mir war von Anfang an nicht ganz wohl beim Gedanken an diesen Einführungstag in den Koscher-Markt. Mir schien, dass sich schon der Taxifahrer leicht sträubte, mich vom Village in Manhattan, wo ich in einer kleinen Wohnung lebte, hinüber nach Brooklyn zu fahren zum Hauptsitz von *Paskesz*. So hiess die Firma von Henri Schmidt.

Damals, im Jahr 1993, verirrte sich kaum ein Tourist nach Brooklyn. Dort also hielt Herr Schmidt die Zügel in der Hand, ein stattlicher Mann mit tiefer Stimme, etwa zwanzig Jahre älter als ich. Er war nicht gesprächig und war sich wahrscheinlich nicht bewusst, wie viel Autorität er dadurch auf mich ausstrahlte. Er machte mich nervös. Er nahm sich höchstpersönlich den Vormittag Zeit, um mir einige typische Läden in Brooklyn zu zeigen, in denen auch unsere Schokoladen präsent waren. Die Koscher-Märkte, die wir dann besuchten, hatten den Charme von Escape Rooms: Fahles Licht fiel auf unappetitlich verpackte und lieblos im Regal präsentierte Lebensmittel. Die dicht an dicht gedrängte Kundschaft in gleichförmig dunklen Kleidern griff hastig nach den Sonderangeboten und schien – wie ich – möglichst schnell wieder aus dem Laden verschwinden zu wollen. Das pure Gegenteil der fancy Gourmet Stores, wo ich eigentlich hinwollte. Nach unserer Tour fuhr mich Herr Schmidt zurück nach Manhattan und lud mich ein auf ein Mittagessen ins ikonische «Katz's Delicatessen», unter anderem bekannt durch die legendäre Filmszene in «When Harry met Sally». Die Gespräche waren allerdings nicht ganz dieselben. Zwangsläufig sprachen wir über das einzige Thema, zu dem wir beide etwas zu sagen hatten: meinen Vater. Er sei *ein Mensch*, meinte Herr Schmidt, und erst viel später erschloss sich mir, dass diese Bezeichnung zu den höchsten Auszeichnungen gehört, die es in orthodoxen Kreisen für eine Person zu vergeben gibt.

Nun traf man sich also gut ein Jahr später wieder an der Messe in Köln. Selbst in Anwesenheit meines Vaters wirkte Herr Schmidt sehr klar, knapp, charismatisch. Die Stimmung war eine andere als mit den anderen Kunden – es ging um etwas. Diese Differenz bemerkte ich auch bei meinem Vater, der bisher alle Gespräche souverän dorthin geführt hatte, wo er sie haben wollte. Jetzt aber lag mit den forschen Anliegen und Produkteideen von Herrn Schmidt eine Herausforderung in der Luft.

Die Ideen von Kunden

Ideen von Kunden sind normalerweise willkommen. Solche Impulse von der ISM waren schon einige Male fruchtbar. Eine der prominentesten «ISM-Ideen» ist das *Ragusa Cadeau*, ein Ragusa in Grossformat mit sechzehn Portionen zum Teilen. Es war ursprünglich für die Duty-Free-Märkte gedacht, avancierte dann aber auch im Schweizer Detailhandel zu einem sehr beliebten Artikel. Das Problem für den koscheren Markt indessen liegt darin, dass es keine Synergien mit anderen Märkten gibt. Alle Innovationen haben nur für diesen einen Nischenbereich einen Effekt. Daher war es nachvollziehbar, dass mein Vater das Koscher-Sortiment, das sich seit den Anfängen kaum verändert hatte, nicht noch durch neue Ideen erweitern wollte. Hinzu kam, dass Herr Schmidt – nicht ganz überraschend – nach genau denjenigen Produktneuheiten verlangte, die die Konkurrenz bereits erfolgreich eingeführt hatte.

Mein Vater aber wollte nicht kopieren, womit andere Erfolg hatten. Er wusste als Unternehmer genau, dass seine Chance in der Fokussierung auf die eigenen Stärken liegt und wollte die eingeführte Marke Torino stärker bewerben, statt austauschbare Produkte einzuführen. Herr Schmidt drohte damit, sich bei einem anderen Schweizer Hersteller mit den Produkten einzudecken, die ihm in seinen Augen in seinem Sortiment fehlten. Dazu hätte er aber gemäss Vertrag die Einwilligung meines Vaters benötigt, und diese hätte er von ihm nie bekommen. Und so endeten die Verhandlungen ergebnislos, und das war auch das, was Herr Schmidt demonstrativ, noch am Tisch sitzend, in sein Aufnahmegerät diktierte. Für mich war diese Pattsituation ungewohnt und beklemmend. Nach meiner Einschätzung hätte sie gut das Aus für die Partnerschaft bedeuten können. Tatsächlich traute ich Herrn Schmidt zu, solche Entscheide zu treffen, ohne mit der Wimper zu zucken.

Im folgenden Jahr trafen wir auf dieselbe orthodoxe Delegation wie im Jahr zuvor, aber diesmal ohne meinen Vater, dafür mit unserem langjährigen Exportmanager Alfred Schibli. Es kamen mehr oder weniger dieselben Forderungen, und wiederum wurden sie abgewehrt. Inzwischen hatte ich mich an diese Scharmützel gewöhnt und wusste, dass wir durch unsere defensive Art nicht gleich die Partnerschaft aufs Spiel setzen würden.

Das verlorene Jahrzehnt

Insgesamt waren die Neunzigerjahre bei uns eine Zeit, in der sich wenig tat. Der Hauptmarkt Schweiz stagnierte, wir entwickelten wenig neue Produkte und liessen die verschiedenen Geschäftsbereiche laufen, ohne sie infrage zu stellen oder speziell zu pushen. Den eigenen Stand in Köln hatten wir nach meiner ersten Messe im Jahr 1995 aufgegeben und empfingen in den Folgejahren unsere Kunden am Stand unseres damaligen Importeurs in Deutschland. Die jährlich stattfindenden Treffen mit den Partnern bekamen so den Charakter von Höflichkeitsbesuchen. Auch das Koscher-Geschäft plätscherte vor sich hin. Für mich stellte es keine Herzensangelegenheit dar. Ich hielt es nicht einmal mehr für notwendig, an diesen Treffen unbedingt persönlich dabei zu sein.

Im Jahr 2000, nach einem «verlorenen Jahrzehnt», wie es mein Vater bezeichnete, zog er sich definitiv aus der Geschäftsleitung zurück und überliess mir den Vorsitz. Zunächst änderte sich dadurch nicht viel. Gewisse Tendenzen im Markt, die schon vor einigen Jahren eingesetzt hatten – die Konzentration des Handels, der starke Schweizer Franken, das Aufkommen der Discounter – verstärkten sich sogar noch.

Als 2003 zusätzlich ein Sommer mit Rekordtemperaturen die Schokoladeumsätze zum Schmelzen brachte, erstaunte es nicht, dass sich in die Aussichten von Camille Bloch pessimistische Töne mischten. Hinzu kam, dass der heikle Wechsel zur dritten Generation in vollem Gang war. Ich war diesbezüglich durchaus optimistischer. Meine Prioritäten lagen zunächst darin, den patronalen Führungsstil meines Vaters anzupassen und viel partizipativer zu gestalten – dies als Grundlage für eine innovativere Strategie. Die Betreuung der Koscher-Kunden überliess ich vollständig dem neuen Exportchef Volker Kremser.

Ein Geschäft auf der Kippe

Erst etwa fünf Jahre später kam ich wieder mit dem Thema Koscher in Berührung. Damals suchte mich Simon Bollag, der stets joviale Geschäftsführer der Koscher-Agentur Herzberg – für einmal mit besorgter Miene – in Courtelary auf. Wider Erwarten waren wir dank Innovationen, allen voran dem neu lancierten *Ragusa Noir,* im sonst saturierten Markt Schweiz Jahr um Jahr so stark gewachsen, dass wir nur mit Mühe die Nachfrage befriedigen konnten. Zunächst begegneten wir dem Engpass mit der Einführung einer zweiten Schicht, doch als dieser Schritt auch nicht mehr genügte, mussten wir noch konsequentere Massnahmen in Erwägung ziehen. Da war natürlich die Einstellung des stagnierenden Koscher-Geschäfts, für das wir im Verhältnis zum Umsatz viele Stunden in der Produktion aufwenden mussten, eine naheliegende Option. Wie Simon Bollag von unseren Überlegungen Wind bekommen hatte, weiss ich bis heute nicht, doch an die Begegnung mit ihm kann ich mich lebhaft erinnern.

«Herr Bloch, Sie wollen doch nicht etwa das Koscher-Geschäft aufgeben? Schon nur aus sentimentalen Gründen kann ich mir das nicht vorstellen, hat doch Ihr Grossvater damit begonnen», appellierte Herr Bollag an meinen Sinn für Familientradition. «Sentimentalitäten scheinen mir heute keine sehr nachhaltige Begründung für ein Business zu sein», belehrte ich meinen etwa fünfundzwanzig Jahre älteren Agenten. Er müsse sich im Moment keine Sorgen machen, aber mittelfristig sei es halt so, dass sich Koscher nicht so gut entwickle wie das restliche Geschäft und damit für uns an Bedeutung verliere. Meine kurzfristige Zusicherung schien ihn zu beruhigen, was mich wiederum erstaunte, denn ich hatte ihm implizit zu verstehen gegeben, dass Koscher in Zukunft gefährdet sein könnte. Und so konnte ich nur spekulieren, ob er vielleicht dachte, ich sei durch den Erfolg der letzten Jahre etwas übermütig geworden und werde schon wieder zur Räson kommen, oder aber, ob ihm sein Gottvertrauen half, daran zu glauben, dass mit der Zeit alles gut kommen würde.

Tatsächlich war es so, dass in den folgenden Jahren niemand mehr die Koscher-Produktion infrage stellte. Das hatte jedoch hauptsächlich damit zu tun, dass bei uns nach der aussergewöhnlichen Wachstumsphase wieder ruhigere Zeiten einkehrten und die ganzen Vorbereitungen für unsere Koscher-Schokoladen ohne Probleme eingeplant werden konnten. Selbst zwei weitere grosse Schritte – die Markeneinführung von Ragusa und Torino in der Migros 2013 und die aufsehenerregende Lancierung von *Ragusa Blond* ein Jahr darauf – brachten unsere Produktionsplanung nicht mehr aus der Balance. Der neue Produktionschef Jean Kernen hatte sein Team besser auf solche Veränderungen im Markt vorbereitet als sein Vorgänger. Dazu hatten wir auch eine neue Software eingeführt, die uns half, Schwankungen früher zu antizipieren und auszugleichen.

Ein Anruf in turbulenten Zeiten

2014 hatten wir wieder einmal ein Rekordergebnis erzielt. Mitten in diesem Lauf, am 15. Januar 2015, entschied die Schweizerische Nationalbank den bisher garantierten Mindestkurs von 1.20 Franken pro Euro aufzugeben. Mit dem Mindestkurs war das Exportgeschäft gerade noch tragbar, doch mit der Aufhebung dieser Grenze würde der Export aus der Schweiz in den Euroraum überhaupt fraglich. Auf einen Schlag verlor der Euro gegenüber dem Schweizer

Franken um zwanzig Prozent an Wert und es war klar, dass wir diesen Währungsverlust nicht durch Preisaufschläge in Euro kompensieren konnten. Wir erlitten einen Währungsschock. Die Folgen des Währungsentscheids betrafen die gesamte exportierende Wirtschaft der Schweiz. Der Volkswirtschaftsminister organisierte einen runden Tisch, an den er auch mich einlud. Ich war persönlich sehr geehrt, an diesem Tisch die gesamte Lebensmittelbranche vertreten zu dürfen, auch wenn ich schnell feststellte, dass Lebensmittel nicht gerade das gewichtigste Exportthema der Schweiz sind.

In dieser turbulenten Zeit kam ein Anruf von Herrn Schmidt aus Brooklyn direkt an mich. Dass er mich persönlich zu sprechen wünschte, war bisher nicht vorgekommen. Da wir in Schweizer Franken fakturierten, konnte ich mir vorstellen, dass Herr Schmidt angesichts des Frankens, der sich auch gegenüber dem US-Dollar stark aufgewertet hatte, um Preisnachlässe ersuchen wollte. Wollte er vielleicht sogar ganz aufhören? Ich war auf alles gefasst, nicht aber auf das Thema, mit dem er dann an mich herantrat. «Mr. Bloch, wir könnten unseren Umsatz verdoppeln, wenn wir zusätzlich zum heutigen Koscher-Zertifikat von Rabbi Westheim auch das Label *Badaz Jerusalem* draufhaben würden.» Zunächst war ich erleichtert, einmal nicht über den Schweizer Franken sprechen zu müssen, sondern über ein ganz anderes Thema. Dann musste ich auch zugeben, dass die Idee gerade zur rechten Zeit kam: Wir mussten nämlich einsehen, dass die Bäume im europäischen Raum auch nicht in den Himmel wuchsen. Und trotzdem – das neue Label konnte nur mehr Umsatz generieren, wenn es auch von noch religiöseren Juden anerkannt würde. Das bedeutete noch strengere und kompliziertere Anforderungen.

Bei näherer Betrachtung gab es tatsächlich einen *point bloquant* mit *Badaz Jerusalem,* denn das Label verlangt von jüdischen Eignern die strikte Einhaltung des Schabbats. Das heisst, der Betrieb müsste jeden Samstag geschlossen bleiben. Wir aber planten genau das Gegenteil davon: Wir wollten ein Besucherzentrum eröffnen, das natürlich auch samstags offen sein würde. Überhaupt war ich nicht bereit, die Flexibilität der Produktionszeiten aus religiösen Gründen preiszugeben. Und wegen all dieser Überlegungen erhielt unser Schlüsselkunde für koschere Schokolade von uns einen weiteren Korb für seine Anregung.

Ein neuer Blick auf alte Wünsche

Herr Schmidt schien sich einmal mehr damit abzufinden. Dafür hinterliess sein letzter Anlauf bei mir Spuren. Die Ambition, mit uns zu wachsen, seine diversen Anregungen, die mir in den ersten Jahren fast lästig gewesen waren, erschienen mir plötzlich umso motivierter im Vergleich zum Gros der anderen Kunden, die sich keine grossen Gedanken machten, wie sie mit uns wachsen konnten, solange die Verkäufe einigermassen stimmten. Langsam begann ich die Motivation unserer Partner an unserer Beziehung als wesentlichen Faktor zu verstehen. Diesen hatte ich bis dahin zu wenig in meine Betrachtung einbezogen. Zu sehr fokussierte ich auf die Kunden, die für unsere Pläne attraktiv waren, zu wenig jedoch auf die Bereitschaft, einen gemeinsamen Plan zu verfolgen. Dieses Phänomen, dass wir auf diejenigen setzen, die wir nicht erreichen können, und auf die pfeifen, die etwas von uns wollen, kennen die meisten von uns schon aus der frühen Schulzeit.

Bei mir gab es jedenfalls dieses eine Mädchen in der Klasse, das fast allen Knaben den Kopf verdrehte. Sie war die Königin unserer Herzen. Am Tag, als sie sich für den einen von uns entscheiden sollte, wäre der ganze Zauber verflogen. Das wusste sie genau und daher erwiderte sie all die beschwörenden, flehenden Töne mit einem milden Lächeln, das wiederum unsere Hoffnungen schürte. Früher oder später triumphierte dann doch einer der Bande und machte bei ihr das Rennen. Nie wäre es den anderen von uns, die leer ausgingen, in den Sinn gekommen, uns nach einem anderen Mädchen umzusehen, schon gar nicht nach denen, die uns anhimmelten, sich uns vor die Füsse warfen. Es wäre einfach nicht cool gewesen, sich mit einer so einfachen Beute zufrieden zu geben. Heute glaube ich, dass es gar nicht darum ging, ernsthaft eine erste grosse Liebe zu finden – vielmehr ging es um die Jagd. Für unsere Entwicklung war dieses erste unerfüllte Herzrauschen allemal wichtig. Es war ein Schritt, der uns ermöglichte, später einen Menschen zu finden, der zu uns passt, und schliesslich herauszufinden, wer wir selbst sind.

Im Geschäftsleben stehen wir an einem anderen Punkt im Leben als damals auf dem Pausenplatz, und doch scheint bei manch einem der Rausch der Jagd noch nicht vollständig verflogen zu sein. Auf der Suche nach neuen Märkten und Kunden unterliegen Geschäftsleute einer vergleichbaren naiven Schwärmerei für das grosse Abenteuer wie Kinder, die sich das erste Mal verlieben. Natürlich ist es aus der Sicht einer erfolgreichen Schweizer Firma wie Camille Bloch reizvoll, eine kleine Rechnung zu machen. Wenn es uns beispielsweise gelänge, in Deutschland eine ähnliche Distribution aufzubauen wie in der Schweiz, dann würde sich unser Umsatz vervielfachen. Dabei dürfen wir allerdings den Kontext nicht aus den Augen verlieren. Der Unterschied besteht in der Realität nämlich darin, dass die Marken Torino und Ragusa, die zu den beliebtesten Marken der Schweiz gehören, in Deutschland praktisch unbekannt sind.

Die Einkäufer wissen, dass der Konsument von Schokolade seiner Marke ziemlich treu bleibt. Sie weckt bei ihm positive Assoziationen, zum Beispiel Kindheitserinnerungen, und so räumen die Einkäufer zunächst den Platz frei für die etablierten Akteure. Das Risiko, neue Marken aufzunehmen, werden sie eher meiden. In gesättigten Märkten herrscht bei Händlern ein Besitzstanddenken vor und kein Hunger nach Neuem. Newcomer, die vielleicht tatsächlich qualitativ etwas Besonderes zu bieten haben, nehmen sie ausnahmsweise ins Sortiment auf, wenn sichergestellt ist, dass sich diese Einführungen von Anfang an rechnen. Unbekannte Marken werden mit horrenden Margen zu Mondpreisen angeboten und haben in den langen Regalstrassen der Supermärkte gegen die bekannten und preiswerteren Platzhirsche keine Chance. Diese bittere Erfahrung mussten auch wir in Deutschland machen. Bevor uns der Endkonsument richtig wahrgenommen hatte, flogen wir wieder raus. Dafür nahm uns wieder ein anderer Händler auf, was aber immer wieder mit Eintrittskosten verbunden war. Wir kickten die Büchse vor uns hin, wie man so schön sagt. Ein nachhaltiger Erfolg stellte sich auf diesem Weg nicht ein. Wir wollten viel mehr mit unseren Kunden erreichen als diese mit uns. Dafür haben wir einen hohen Preis bezahlt.

Der Überflieger

Sieht der Kunde jedoch ein Potenzial, können die Verhältnisse ganz anders aussehen. Das haben wir mit *James Richardson,* einem Laden am Flughafen Ben Gurion in Tel Aviv, erlebt. Drei Jahre hintereinander kam dessen Einkäufer

Ari Chen an unseren Stand an der Süsswarenmesse in Köln. Er wollte Ragusa unbedingt direkt importieren. Die ersten zwei Jahre liessen wir ihn abblitzen, weil wir in Israel im Unterschied zu Deutschland keine einzelnen Kunden beliefern wollten, sondern mit Importeuren arbeiten, die den Markt bewirtschaften. Ausserdem war Ragusa in Israel nicht bekannt. Alles in allem rechnete ich mit einem Umsatzpotenzial von höchstens fünfzigtausend Franken im Jahr, und dafür eine ganze Lieferantenbeziehung zu begründen, schien mir unverhältnismässig. Ari Chen jedoch liess sich von seiner Idee nicht abbringen. Bei seinem dritten Besuch 2016 an unserem Stand meinte er, seine Frau kenne Ragusa und sei von der Schokolade begeistert. Vielleicht auch seiner Frau zuliebe gab ich schliesslich nach und wir begannen, seine Filiale mit *Ragusa Noir, Ragusa Blond* sowie dem klassischen Ragusa in den drei Grossformaten zu beliefern, die wir für den Duty-Free-Kanal entwickelt hatten.

Was dann am Flughafen Ben Gurion geschah, übertraf meine kühnsten Erwartungen: Im ersten Jahr schon erzielten wir mit Ari eine halbe Million Franken Umsatz, im zweiten Jahr übertrafen wir die Millionengrenze und im dritten Jahr steigerten wir diese noch. Der Flughafen Ben Gurion avancierte zum erfolgreichsten Laden von Camille Bloch überhaupt, und das in einer Welt, in der es sonst Jahrzehnte braucht, bis eine neue Marke eingeführt ist!

Warum drehte sich Ragusa in dem Flughafen auf Anhieb gleich schnell wie die anderen etablierten Marken, die im ganzen Land schon lange bekannt waren? Zunächst war es ideal, eine direkte Kundenbeziehung ohne Umwege über eine grosse Duty-Free-Zentrale eingehen zu können. Weiter sind die Israeli aufgrund der geografischen Lage auf das Flugzeug angewiesen, um ins Ausland zu reisen. Anders als die Flughafengeschäfte in den meisten Ländern richtet sich das Flughafengeschäft in Israel fast ausschliesslich an Inländer und damit an ein einigermassen definiertes Publikum.

Der Hauptgrund für unseren Erfolg liegt aber zweifellos in der Person und im *drive* des Einkäufers Ari Chen. Ari stammt aus einer Immigrantenfamilie, seine Mutter war Aserbaidschanerin, sein Vater Iraner. Vermutlich ist er bereits im Pensionsalter, doch er macht unverdrossen weiter, wie wenn ihm das Geschäft persönlich gehören würde. Im Unterschied zu seinen Kollegen in den grossen Zentralen, wo so viele Leute mitmischen, dass schliesslich allen die Hände gebunden sind, scheut er sich nicht, selbst zu entscheiden. Diesen Handlungsspielraum hat er sich hart erarbeitet. Er verhandelt seit Jahren mit all seinen internationalen Lieferanten persönlich, kennt das gesamte Personal an der Ladenfront und weiss aufgrund seiner häufigen Präsenz am *point of sales* haargenau, wie seine Kunden ticken. Kurzum, er kennt sein Geschäft. Das haben seine Vorgesetzten wohl erkannt und ihm daher bei der Sortimentsgestaltung ziemlich freie Hand gelassen. In der Praxis läuft es eben häufig so, dass man zuerst Verantwortung übernehmen muss, bevor man das Vertrauen bekommt, und nicht umgekehrt.

Dass Ari schon nur seiner Frau zuliebe an Ragusa glaubte, war für uns natürlich ein absoluter Glücksfall. Er liess die Schokolade im grossen Stil in seinem Laden verkosten und überzeugte dadurch das Personal und die Kunden von der Qualität. Als ich einmal mit meiner Mutter kurz vor der Pandemie nach Israel reiste, kam eine Verkäuferin im Laden spontan auf sie zu und fragte, ob sie eine Schokolade testen möchte, die sie nie vergessen werde. Als sie ihr dann ein Tablett mit Ragusa präsentierte, outete sich meine Mutter – leider etwas früh – als Mitglied der Gründerfamilie und ich denke, dass die Verkäuferin den Test, den sie mit ihr machen wollte, auch nie vergessen wird.

Eintauchen in eine andere Welt

Die Geschäfte mit dem dynamischen Ari Chen brachten es mit sich, dass ich nun auch häufiger nach Israel reiste. Meistens reiste ich mit Exportleiter Volker Kremser dorthin und wir nutzten die Gelegenheit, um nicht nur den Flughafen zu besuchen, sondern auch weitere Geschäfte, in denen unsere koschere Schokolade verkauft wird. Vor etwa vier Jahren empfing uns Bernhard Bollag, der Sohn von

Simon Bollag, der mich seinerzeit in Courtelary besuchte hatte, für eine Tour durch die Supermärkte von Jerusalem. Bernhard Bollag lebt in Jerusalem, reist aber regelmässig in die Schweiz und konnte aufgrund seiner Kenntnisse immer mal wieder zwischen uns und den Rabbinern vermitteln, wenn es etwa darum ging, in Fragen der «Koscherisierung» der Fabrik pragmatische Lösungen zu finden.

Bernhard Bollag, den ich nur von ganz kurzen Höflichkeitsgesprächen in Courtelary her kannte, führte uns also durch einige orthodoxe Märkte seiner Heimatstadt. Es war lustig mit ihm – er schien in einer anderen Welt zu leben, und das auf eine sehr humorvolle Weise. Im Lauf des Tages brachte er uns auch in einen grossen koscheren Lebensmittelmarkt, der noch gar nicht offiziell eröffnet worden war. Dort wimmelte es von Menschen, die sich aufgrund ihrer orthodoxen Kleidung kaum voneinander unterschieden. Erstaunlicherweise gab es dann doch eine Figur, die herausstach: Ein uns entgegenkommender junger Mann fiel mir sofort auf. Nicht unbedingt, weil er anders gekleidet war als alle anderen, sondern wegen seiner Entourage, die ihn umgab, der Art, wie er sich bewegte, und wegen seines stolzen Gesichtsausdrucks. Als die einzigen Nichtorthodoxen, die offensichtlich nicht zum Kreis seiner Gäste gehörten, fielen wir ihm ebenfalls auf. Als er auf unserer Höhe kurz stehen blieb, stellte mich Herr Bollag ihm ohne Umschweife vor: «Das ist Herr Bloch von Camille Bloch.» «Aha», antwortete der Besitzer des Geschäfts. «Auf eine Tafel Torino verkaufen wir zwanzig Tafeln Rosemarie», meinte er süffisant und marschierte weiter, ohne weitere Worte an uns zu verlieren. Der Kommentar sass. *Rosemarie* ist die Marke eines Schweizer Mitbewerbers, der ungefähr gleich lang auf dem Markt ist wie wir.

Anschliessend lud uns Bernhard Bollag zu einem Kaffee zu sich nach Hause ein. Die Wohnung lag im Untergeschoss eines unscheinbaren Häuserblocks im ultrareligiösen Quartier Mea Shearim. Die anwesenden Mitglieder der Familie begrüssten uns kurz und dann gingen Bernhard Bollag, Volker Kremser und ich in das bescheidene Wohnzimmer, in dem es ausser einem langen Tisch, einigen Stühlen und einem riesigen Regal mit Büchern keine weiteren Gegenstände gab. Keine Dekoration, keine Elektronik. Als ich ins Bad musste, bemerkte ich die vielen Zahnbürsten und konnte auf die vielen Bewohner schliessen, die in der kleinen Wohnung zusammenlebten.

Allmählich wurde mir bewusst, dass sich Bernhard Bollag dem Studium der Bücher verschrieben hatte und dass die Aufgabe, die er für uns wahrnahm, nur eine Nebenbeschäftigung darstellte. Unser Gespräch an diesem grossen Tisch begann sich um unsere Erziehung zu drehen und er berichtete auf sehr witzige Weise über seine strengen Lehrer in den jüdischen Schulen, die zum Teil über hundert

Jahre alt wurden. Mir fiel seine enorme Verehrung für alte Leute auf. Das mag zwar bei äusserst traditionsliebenden Menschen nicht überraschen, doch trotzdem kam einmal der Zeitpunkt, als ich ihn fragte, warum er ältere Lehrer mehr verehre als jüngere, warum Grossväter mehr als Väter und Väter mehr als Söhne. Das sei sehr einfach, antwortete er. Die Wahrheit liege in der Vergangenheit. Moses habe sie von Gott offenbart bekommen und seither hätten wir uns mit jeder Generation immer weiter von ihr entfernt. Je älter ein Mensch also sei, desto näher sei er an der Wahrheit.

Ich bin mich Meinungsverschiedenheiten sehr gewohnt. Ich würde sogar sagen, dass ich sie geradezu suche. Diese Argumentation jedoch überforderte mich. Für mich war der Fortschritt, die Suche nach einer besseren Zukunft das elfte Gebot. Ich verstand mich in meinem ganzen Dasein als *man in progress* und es wäre mir nicht einmal in den Sinn gekommen, dass es zu dieser grundlegenden Einstellung eine solch diametral andere Denkweise geben könnte. Erstaunlicherweise fühlte ich mich durch diesen Gegensatz Bernhard Bollag gegenüber nicht fremder als vorher, sondern es fand im Gegenteil eine Annäherung statt. Das Phänomen lässt sich vielleicht so erklären, dass ich seine Überzeugungen nicht teilte, seine Sichtweise hingegen irgendwie in mein Denken integrieren konnte. Nun vermochte ich auch die seinerzeit gelassene Reaktion seines Vaters Simon Bollag besser einzuordnen, als ich die Koscher-Produktion vorsorglich für gefährdet erklärte. Er vertraute darauf, dass auch ich einsehen würde, dass mein Grossvater näher an der Wahrheit lag als ich und dass ich schon nur aus Respekt davor dieses Geschäft nie aufgeben würde.

Der wunde Punkt

Wir verabschiedeten uns von Herrn Bollag und suchten an diesem Abend ein offenes Restaurant in der ziemlich ausgestorbenen Altstadt von Jerusalem. Den Tiefschlag des Supermarktbesitzers hatte ich noch nicht weggesteckt. Er hatte mich an einem wunden Punkt getroffen: an meiner Ehre. Und so reifte in mir die Gewissheit, dass wir handeln mussten. Das Zugpferd in unserem Sortiment war Torino. Wir hatten uns für Koscher immer stärker auf diese Marke fokussiert und so war die Idee von Volker Kremser folgerichtig, eine neue Torino-Tafel mit Nusssplittern zu entwickeln. Es gebe Konsumenten, die es knackig mögen, und für die sei das typische Torino zu zartschmelzend. Damals arbeitete ich schon fünfzehn Jahre mit Volker zusammen und die besten Ideen waren fast immer das Resultat einer grösseren Meinungsdifferenz zwischen uns. Und so war es ein verheissungsvolles Zeichen, als ich ihm sagte, für mich sei der Zeitpunkt gekommen, nicht Torino knackiger zu machen, sondern unsere stärkste Marke Ragusa auch auf dem Koscher-Markt zu lancieren.

Volker Kremser war bei Innovationen stets ein Meister des gezielten Hinterfragens. Das beschleunigte zwar den kreativen Prozess nie, erhöhte am Ende aber immer die Chancen des Erfolgs. Und so erstaunt es nicht, dass mein «Gefühl», dass die Zeit reif sei, Ragusa einzuführen, zu einer längeren Diskussion führte, die zunächst im Restaurant stattfand und dann in unsere verwaiste Hotelbar verlegt wurde, wo uns der Kellner schliesslich bald uns selbst überliess.

Der Haupteinwand von Volker betraf die Rezeptur. Wegen der Koscher-Anforderungen können wir für Koscher-Produkte nicht dieselben Fette einsetzen wie für unsere klassischen, nicht-koscheren Rezepte. Beim Ragusa, das einen noch höheren Praliné-Anteil aufweist als Torino, würde dieser Unterschied noch mehr ins Gewicht fallen. Bei mir lief unterdessen ein ganz anderer Film ab. Ich hatte schon früher festgestellt, dass die Mitarbeitenden der Produktion beim Thema Koscher über die «Schokolade der Rabbiner» sprachen, obwohl es natürlich unsere eigene Schokolade war. Sie konnten sich also nie ganz mit diesen Produkten identifizieren. So war es eben, und ehrlich gesagt hatte ich selbst auch nichts dazu beigetragen, um die Distanz meiner Firma zu diesem etwas besonderen Geschäftsbereich zu verringern – ich hatte immer einen Bogen um Koscher gemacht. Wir waren gar nicht richtig bereit, etwas am Geschäft zu verändern, und verharrten daher in den alten Bahnen.

Rütteln an der Tradition

Veränderungen in diesem Bereich enthielten Sprengkraft. Das begann bei den Rezepturen. Im Vergleich zu unseren anderen Spezialitäten, die zartschmelzend sind, war unsere koschere Schokolade hart wie Beton. Und es gab noch ein anderes Element in unserem Geschäft, das stark ins Gewicht fiel: unser Vertriebssystem. Mein Grossvater hatte diesen Geschäftszweig vor siebzig Jahren mit der Agentur Herzberg aufgebaut, und da dieses Verhältnis juristisch immer noch aktiv war, bezahlten wir ihr auf allen Produktionen eine Provision. Ab den Achtzigerjahren jedoch nahmen wir den Kundenkontakt zu den Importeuren selbst wahr, lieferten und fakturierten auch direkt, sodass sich für uns dieses Agenturmodell mit den Jahren erübrigte. Trotzdem wurde es von meinem Vater nie infrage gestellt und daher erwartete unser Agent auch, dass es ewig so weiterlaufen würde. Doch mit den geplanten Anpassungen würden unsere Produktionskosten steigen, sowohl aufgrund der Rohstoffe wie auch des zusätzlichen Reinigungsaufwands, wenn wir mehrmals im Jahr produzieren wollten. Unsere Preise hingegen durften wir nicht antasten, diese Message hatte uns Herr Schmidt unmissverständlich klargemacht. Eine grundlegende Erneuerung müsste daher unbedingt auch den Punkt umfassen, das Vertragsverhältnis mit der Agentur Herzberg an die Realität anzupassen, im Klartext: es aufzulösen. Und das war natürlich meine Aufgabe.

Zunächst aber präsentierten wir unsere Ideen mit der neuen Rezeptur für Torino und der Einführung der Marke Ragusa unseren Kunden im Januar 2019 an der Kölner Messe. Es waren einige Jahre vergangen seit dem ominösen Anruf von Henri Schmidt und seiner Idee eines neuen Labels im Koscher-Geschäft. Nun lag ein Gegenvorschlag auf dem Tisch. Ragusa sollte für eine Verdoppelung der Umsätze sorgen und die Gretchenfrage lautete, welches Potenzial Ragusa auf diesem Markt hätte. Ausserhalb der Schweiz und des Flughafens Ben Gurion hatte sich Ragusa bisher nur in Dänemark durchgesetzt, weil mein Grossvater schon kurz nach dem Krieg begonnen hatte, den Riegel dorthin zu exportieren. Damals war der dänische Importeur von Toblerone, John Darville, auf meinen Grossvater zugegangen mit der Idee, auch Ragusa auf den dänischen Markt zu bringen. Dies geschah zu einer Zeit, in der sich die Märkte in einer Wachstumsphase befanden und die Konsumenten bereit waren, neue Marken auszuprobieren.

Ob der koschere Markt über siebzig Jahre später auch noch diese Möglichkeit bot, war eine andere Frage. Um diese Diskussion zu führen, kam Herr Schmidt nicht wie gewohnt mit der ganzen Delegation von Koscher-Importeuren an unseren Stand, sondern ausschliesslich mit seiner Frau Pesi, der Tochter des Firmengründers Paskesz. Vater Paskesz hatte ursprünglich in Ungarn Bonbons produziert, musste dann aufgrund der Rassengesetze in den Dreissigerjahren den Betrieb einstellen und wanderte nach dem Krieg nach Brooklyn aus, wo er wieder bei null anfing. Nicht mehr als Produzent, sondern als Händler von koscheren Produkten. Die Tochter des Gründers war also gemeinsam mit ihrem Mann gekommen, der den Betrieb mit grösster unternehmerischer Tatkraft zu einem führenden Vertreter von koscheren Süsswaren in ganz Amerika entwickelt hatte. Der Name *Paskesz* hatte ein solches Ansehen erlangt, dass viele Hersteller ihre Produkte nicht unter ihrem eigenen Namen vermarkteten, sondern unter der Marke Paskesz.

Der gemeinsame Deal

Herr und Frau Schmidt waren wie immer pünktlich zur verabredeten Zeit an unserem Stand und wie immer verzichteten sie aus religiösen Gründen auf jegliche Verpflegung. Nur ein Glas Wasser nahmen sie an. Ohne Umschweife fragte Volker Kremser unsere Gäste, wie sie die Chancen von Ragusa bei ihren Kunden einschätzten. Darauf antwortete zu meinem Erstaunen als Erste Frau Schmidt, den Blick auf mich gerichtet: «Ihr Vater meinte, dass die Amerikaner lieber Mandeln und Erdnüsse haben als Haselnüsse.» In dem Moment musste ich ein bisschen pokern: «Wissen Sie, Frau Paskesz, mein Vater hätte so etwas bestimmt nie von sich aus behauptet, das muss ihm eine Vertrauensperson zugeflüstert haben, und ich wäre nicht erstaunt, wenn Sie diese

Person gewesen wären.» Stille. Dann meldete sich Henri Schmidt zu Wort und erstmals erlebte ich zwischen den beiden Ehegatten den Anflug eines Gesprächs mit unterschiedlichen Standpunkten. Darauf meinte Pesi Schmidt: «Vielleicht sollten wir es nochmals versuchen mit Ragusa.» Nochmals, denn das Produkt war schon einmal auf dem Markt gewesen und die Umsätze waren nicht gerade überwältigend. Das erklärte auch die Aussage meines Vaters mit den Haselnüssen. Denn der Misserfolg von Ragusa konnte in seinen Augen nicht an der Qualität des Produkts liegen, also lag der Grund bei den Amerikanern. Ich bestärkte Frau Schmidt noch mit dem Argument: Dank der neuen Rezeptur sei das neue Ragusa in unseren Augen um Welten besser als die frühere Version.

Und nun geschah etwas, das wahrscheinlich seit den Anfängen der Zusammenarbeit mit Paskesz in den Achtzigerjahren nie mehr vorgekommen war: Wir einigten uns auf eine gemeinsame Strategie. Sie sah als wesentliches Element vor, das neue Ragusa einzuführen. In all den Jahren zuvor hatte es einseitige Anliegen des Kunden gegeben, die wir meistens abgewehrt hatten, und auch Vorschläge unsererseits, wie Torino als Marke mit Werbemassnahmen auf dem Markt besser positioniert werden könnte, an die Paskesz wiederum nicht glaubte. Natürlich standen wir mit dem neuen Ansatz erst am Anfang, es lagen noch keine Zahlen vor, ja das neue *Ragusa Koscher* war noch nicht einmal entwickelt. Es war noch nichts passiert – und doch war alles anders, wie wenn zwei gegeneinander kämpfende, wütende Pitbulls plötzlich friedlich in die gleiche Richtung zögen. Mit diesem neuen Gefühl verabschiedeten wir uns im Februar 2019 von unseren Gästen und vereinbarten, uns im Herbst in New York wiederzusehen.

Eine neue Qualität entsteht

Von da an liefen die Vorbereitungen auf das Treffen im Herbst auf Hochtouren. Volker Kremser koordinierte die Entwicklung der neuen Rezepturen mit Carine Rivat, die bei uns für das Qualitätsmanagement und die Produkteentwicklung zuständig ist. Carine war als junge Frau aus Frankreich zu uns gekommen mit einem Abschluss einer französischen Hochschule und einigen Jahren Berufserfahrung bei einem regionalen Chocolatier. Bei uns hat sie eine aussergewöhnliche «Spagat»-Funktion inne: Sie ist sowohl für die Qualitätskontrolle wie für die Entwicklung neuer Produkte verantwortlich. Das sind Aufgaben, die sich von Natur aus widersprechen, denn Innovation soll das System verändern und Qualitätskontrolle das System bewahren.

Normalerweise werden in Organisationen möglichst eindeutige Stellenprofile geschaffen, die jede Form von Ambiguität vermeiden. Lieber werden Spezialisten herangezüchtet als

Positionen zugelassen, denen ein Hauch von Widerspruch innewohnt. Das heisst, mit einer Ausnahme: Beim CEO stört sich niemand daran, dass er sowohl die Effizienz des bestehenden Systems steigern und es gleichzeitig mit bahnbrechend neuen Ideen transformieren sollte. Dem obersten Chef wird also der Spagat zugemutet. Für alle anderen Mitarbeitenden werden solche widersprüchlichen Kombinationen im Pflichtenheft ausgeschlossen. Und so ist es mir nur sympathisch, nicht als einzige Ausnahmeerscheinung in unserem Organigramm gelten zu müssen, sondern diese funktionale Ambivalenz mit anderen, wie eben zum Beispiel mit Carine Rivat, teilen zu können. Sie verkörpert diesen scheinbaren Widerspruch geradezu idealtypisch, denn sie vereint noch viel mehr als ich das Konsequente, welches ihr im formalistischen französischen Ausbildungssystem eingepaukt wurde, mit einem feinen pragmatischen Gespür für den Markt.

Also arbeitete Carine zusammen mit Volker und unseren Lieferanten an neuen Koscher-Rezepturen für Torino, vor allem aber am neuen *Ragusa Koscher.* Schon bei den ersten Degustationen wurde sofort klar, dass wir mit den neuen Zutaten ganz neue Massstäbe erreichen würden. Jetzt würden die Koscher-Produkte ohne Weiteres mit den Originalversionen mithalten können. Und nun hatten wir Muster im Gepäck, mit denen wir zuversichtlich zu Paskez nach Brooklyn reisen konnten.

25 Jahre später in Brooklyn

Die Reise fand Anfang September statt, kurz vor den hohen jüdischen Feiertagen. In New York lag der Sommer noch in der Luft und klebte am Beton der Stadt. Am nächsten Mittag nach unserer Anreise trafen wir in den Geschäftsräumlichkeiten von Paskesz ein. Diese liegen an der First Avenue, gleich beim Hafen, wo der East River und der Hudson River in den atlantischen Ozean fliessen. Der Sitz stand noch an derselben Stelle wie zu meiner Zeit in New York in den Neunzigerjahren, doch alles hatte sich augenfällig verändert. Die Grösse, die das Logistikgebäude durch den angebauten Bürokomplex erreichte, und vor allem das Quartier hatten nichts mehr gemeinsam mit dem, was ich vor dreissig Jahren angetroffen hatte. Das Haus stand sinnbildlich für die Entwicklung der letzten dreissig Jahre, in denen die Firma Paskesz zu einer ganz anderen Nummer avanciert war. Henri Schmidt hingegen war, wie wir kurz darauf feststellen konnten, ganz der Alte. Er empfing uns wortkarg an einem langen Sitzungstisch in einem riesigen Ausstellungsraum mit sämtlichen Paskesz-Produkten und fantastischer Sicht auf die Freiheitsstatue und die südliche Skyline Manhattans. Ausser Herr Schmidt waren einige enge Mitarbeiter anwesend, darunter auch Yitzy, einer seiner Söhne. Seine Frau Pesi stiess etwas später dazu, just in dem Moment, als wir die Ragusa-Muster, die wir von Courtelary mitgebracht hatten, herumreichten.

Alle im Raum realisierten auf den ersten Biss, dass uns ein grosser Wurf gelungen war. Ich erkannte dies an der Stille, die zunächst herrschte. Es gibt immer diejenigen, die den Mut haben, das Eis zu brechen, wenn es darum geht, zu kritisieren. Wenn jedoch etwas vorliegt, das die Erwartungen übertrifft und daher begeistert, dann wagt sich niemand so recht vor, seinem positiven Gefühl Ausdruck zu verleihen. Man darf in Verhandlungssituationen nicht euphorisch werden. Yitzy Schmidt ergriff als Erster das Wort, sichtlich angetan vom neuen Geschmackserlebnis, und verzichtete darauf, dies hinter einer professionellen Maske zu kaschieren. Selbst sein Vater Henri Schmidt äusserte sich positiv, ohne sein Pokerface ganz abzulegen, aber das kam für seine Begriffe schon einer Begeisterung gleich.

Ich muss es Henri Schmidt hoch anrechnen, dass seine Reaktion so ausfiel, denn wir hatten eine Art stillschweigende Wette abgeschlossen: ein neues Label oder Ragusa, welches war das schlagendere Argument, um neuen Schwung in die Sache zu bringen? Indem er sich für Ragusa aussprach, war das Label fürs Erste vom Tisch. Kurz besprachen wir das weitere Vorgehen, das Henri Schmidt wie gewohnt anschliessend in seinem Diktafon festhielt. Danach bedankte er sich nochmals ausdrücklich für unseren Besuch, dem ersten nach über fünfundzwanzig Jahren, und ich empfand bei seinen Worten eine leichte Scham, dass ich nicht schon viel früher Interesse für unsere Beziehung gezeigt hatte.

Danach zog sich Herr Schmidt zurück, um seine Mittagsruhe zu halten. Er war immer noch unglaublich präsent, doch seine Kräfte hatten sichtlich nachgelassen. Seine Frau, die eigentlich nur kurz vorbeischauen wollte, blieb dafür umso länger. Wir sprachen buchstäblich über Gott und die Welt, bis sich die Sonne über Manhattan zu senken begann. Es kam mir vor wie in einem Film, und nochmals spielten sich vor meinem inneren Auge all die Szenen mit Herrn Schmidt ab, seit ich ihn zum ersten Mal in New York getroffen hatte: die vielen Treffen an der Süsswarenmesse, mein Vater erschien mir, und erstmals sah ich die Dinge anders – nicht, weil sie anders lagen, sondern weil ich sie anders betrachtete. Ich empfand Dankbarkeit dafür, dass wir uns echt aufeinander eingelassen hatten, selbst wenn dieser Prozess so mühselig und langwierig war. In Zeiten, in denen so schnell neue Kontakte geschaffen werden, erschien die Zeit, die wir gebraucht hatten, um unsere Kräfte so kongenial zu verschränken, wie eine halbe Ewigkeit. Das Interessante daran ist, dass auch die modernsten technischen Mittel, welche vor klugen Daten triefen, auch nicht unbedingt helfen, eine Beziehung zu vertiefen.

Ende und Neuanfang

Im darauffolgenden Jahr, 2020, ging alles sehr schnell: Zunächst besuchten wir im Januar Simon Bollag von der

Agentur Herzberg. Nichtsahnend empfingen er und seine Frau mich und Volker Kremser in seinem Büro. Als ich ihm eröffnete, dass wir das Agenturverhältnis mit ihm auflösen wollten, war er erschüttert. Sein Schwiegervater Aaron Herzberg hatte in den Fünfzigerjahren mit meinem Grossvater das Koscher-Geschäft aufgebaut. In den Anfangsjahren war die Agentur für uns sehr aktiv bei der Suche nach internationalen Kunden und dem geeigneten Rabbinat. Doch es liegt in der Natur der Sache, dass auch ein Agenturverhältnis nicht ewig dauert. Jedes erfolgreiche Geschäft beruht auf Kontinuität, und mit der Zeit hatten wir ein Modell entwickelt, in dem wir die direkte Verantwortung für das Geschäft immer stärker übernahmen und sich die Aktivität des Agenten laufend verminderte. Nun würden sich unsere Wege also trennen. Mir war es wichtig, mit diesem lebhaften und loyalen Menschen, der auch in anderen Bereichen eng mit meinem Vater gearbeitet hatte, eine akzeptable Lösung zu finden. Dies gelang schliesslich nach sehr aufwühlenden Diskussionen.

Nur wenige Tage später öffnete die Internationale Süsswarenmesse in Köln wiederum ihre Tore. Es war Ende Januar 2020 und niemand ahnte damals, dass diese Messe für lange Zeit eine der letzten Veranstaltungen sein würde, an denen man sich physisch treffen konnte. Wie alle Jahre waren auch wieder Henri Schmidt und die anderen Koscher-Distributoren für ein Treffen an unserem Stand angemeldet.

Für mich stand dieses Jahr viel auf dem Spiel, nämlich die grundlegende Frage, ob es uns gelingen würde, auch ausserhalb der Schweiz, in einer Nische, in der wir schon lange tätig waren, mit Innovationen zu wachsen. Und so wäre die erste Reaktion der Märkte schicksalshaft für unsere gesamte Exportstrategie. Entsprechend war ich mehr als gespannt, von Herrn Schmidt zu hören, wie die neuen Rezepturen und *Ragusa Koscher* bei den Kunden angekommen waren. Der Schokoladekonsument ist allgemein konservativ und steht Innovationen nicht gerade aufgeschlossen gegenüber. Daher erwartete ich ausgerechnet von unseren orthodoxen Kunden auch keine Wunder.

Herr Schmidt pflegte ohne viel Vorgeplänkel zur Sache zu kommen. Doch diesmal war es anders. Sichtlich gut gelaunt begann er das Gespräch nicht mit einer Aussage zum Geschäft, sondern zu unserer Beziehung. «Daniel, aren't we friends now?», fragte er. Ich war total überwältigt. Mit dieser einfachen Frage fasste er einen Zustand zusammen, der auf so komplizierte Weise über so viele Jahre hatte aufgebaut werden müssen. Er nannte mich zum ersten Mal bei meinem Vornamen und ich wusste einfach in dem Moment nicht, wie ich darauf antworten sollte. Meinen Vater hatte er *einen Menschen* genannt und mich jetzt einen Freund. Die Bezeichnung «Mensch» kann auf der jüdischen Werteskala kaum übertroffen werden. Dafür drückt Freundschaft etwas aus, das nach dem langen Weg, den ich mit

Koscher zurückgelegt hatte, vielleicht noch entscheidender war, nämlich Nähe. In meiner Verlegenheit konnte ich die Freundschaft nicht sofort erwidern, stattdessen zog ich mich auf das sicherere Gelände der Geschäftsthemen zurück. Henri lächelte: «Unsere Kunden sind begeistert. Ihr werdet dieses Jahr wahrscheinlich zwei Mal produzieren müssen.»

Auf dieses Szenario waren Produktionschef Jean Kernen und ich bereits vorbereitet. Als wir darüber sprachen, dass wir allenfalls zwei Mal jährlich koscher produzieren müssten, waren sich Jean und Volker einig, dass es an mir sein würde, diese «frohe Botschaft» dem Produktionsteam in Courtelary zu verkünden. «Das werde ich selbstverständlich tun, sogar sehr gern», antwortete ich. Rein rational ist es natürlich einfacher, ein Mengenwachstum im Standardgeschäft zu vermitteln. So hatte auch unsere Strategie, mit Ragusa in Frankreich und Deutschland zu wachsen, in der Vergangenheit nie zu grossen Diskussionen geführt.

Emotional hingegen empfinden es engagierte Menschen als motivierender, in einem Spezialgebiet etwas zu bewegen, selbst wenn die Früchte dafür nicht so tief hängen und die Mengen begrenzt sind. In einem Bereich wie Koscher ein Champion zu sein, ist einfach sinnhafter, als in der grossen internationalen Distribution eine unbedeutende Rolle zu spielen. So hatte ich es eingeschätzt und so fiel auch die

Rückmeldung von den Mitarbeitenden an der Produktionslinie aus, als ich verkündete, dass wir von nun an zwei Mal produzieren würden. Sie waren bereit. Wir waren bereit.

Leider kam ich nicht mehr dazu, die Freundschaft, die mir Henri angeboten hatte, explizit zu erwidern: Einige Wochen nach unserem Gespräch erlag er dem Covid-Virus, kurz nachdem seine letzte Bestellung bei uns eingegangen war. Sie betrug genau das Doppelte aller Vorjahre.

«GLÜCKLICH SEIN
BEDEUTET NICHT,
ALLES TUN ZU KÖNNEN,
WAS MAN WILL.
VIELMEHR IST GLÜCKLICH,
WER ALLES WILL,
WAS ER KANN UND TUT.»

Matthias Küng, Lehrer und Velofan

KAPITEL 2
DER INNERE ERFOLG

Von den vielen Auftritten, die ich als Chef von Camille Bloch bestreiten durfte, gibt es einige wenige, an die ich mich immer erinnern werde, weil vom Publikum etwas zurückkam, das ich nicht erwartet hatte. Einen solchen Auftritt erlebte ich einmal am INSEAD, der Schule, an der ich meine Managementausbildung absolviert hatte. Die Schule pflegt die Ehemaligen alle fünf Jahre nach ihrem Abschluss für drei Tage zu einer Zusammenkunft auf den Campus nach Fontainebleau einzuladen. Diese Anlässe wollen die Alumni – alles hochbeschäftigte Leute – nicht verpassen, erfahren sie doch die neusten Trends von berühmten Professoren, geniessen das Wiedersehen mit den früheren Kommilitonen und das Eintauchen in die Energie von damals.

Um diese Zeitreise zu begünstigen, soll jeweils auch ein Austausch zwischen gestandenen Ehemaligen und den studierenden MBA-Absolventen stattfinden. Gleich an meinem ersten Jubiläum wurde ich von Christine Blondel, Professorin für Family Business, angefragt, ob ich als einer von drei Unternehmern bereit wäre, für die Studierenden ein kurzes Referat mit anschliessender Diskussion zum Thema «Governance im Familienunternehmen» zu halten.

2001 war ich noch kein geübter Conférencier. Die beiden anderen Alumni hingegen waren bereits erfahrene Patrons in ihren grossen familiengeführten Firmen. Der eine war der Schwede Finn Rausing, Hersteller des allgegenwärtigen *Tetra Pak*, der andere der Grieche Konstantinos Boutaris, Inhaber der bedeutenden Weinhandelsfirma *Boutari*. Unser Part fand am frühen Morgen statt. Das ist nicht unbedingt meine bevorzugte Zeit. Ausserdem wusste ich, dass die meisten MBA-Studierenden mit dem Master-Programm, der Jobsuche und den nächtlichen Partys derart absorbiert sind, dass sie sich solche frühen *Nice to have*-Veranstaltungen normalerweise nicht antun. Umso erstaunter war ich, dass der Saal an diesem Morgen proppenvoll war.

Der Auftritt

Finn Rausing, der an der Zwanzig-Jahr-Reunion seiner ehemaligen MBA-Klasse teilnahm, startete den Vortragsreigen. Als grossgewachsener Mann mit bleichen Gesichtszügen vermittelte er dezidiert, strukturiert und sehr glaubwürdig die strenge Governance-Politik seines Verpackungsimperiums. Wahrscheinlich war ihm als Verwaltungsratspräsident vor lauter Eifer nicht einmal bewusst, wie selbstbeweihräuchernd seine Aussage klang, in seiner Unternehmensgruppe würden es nur die Fähigsten bis ganz nach oben schaffen. Zum Glück kam ich als Nächster an die Reihe und merkte sogleich, dass mir nach dem ziemlich einschüchternden Einstieg meines Vorgängers aus dem Publikum eine gewisse Sympathie entgegenschwappte. Das rührte wohl auch daher, dass ich altersmässig näher bei den Studierenden war als bei den beiden gestandenen Unternehmern. Schliesslich trat Konstantinos Boutaris auf: Braun gebrannt, dichtes, grau meliertes Haar und perfekt gestylt, hätte er auch an einer Oscar-Verleihung gute Figur gemacht.

Von lockerer Souveränität war auch seine Präsentation. Er habe keine vorbereitet und bitte die Anwesenden, ihm doch einfach Fragen zu stellen. Sofort schnellten die Armee im Saal hoch und ich schätzte wieder einmal den Spirit der Schule, der auf dem spontanen, aktiven, extravertierten Austausch beruht.

«Nun, wir haben soeben von Herrn Rausing gehört, dass bei *Tetra Laval* nur die Fähigsten eine Chance haben, eine Führungsposition zu bekommen. Wie sieht das bei Ihrem Unternehmen aus, Herr Boutaris», fragte jemand aus dem Publikum, «und nehmen wir einmal an, ein Manager erweist sich als tüchtiger als eine Ihrer vier Töchter, was machen Sie dann?» «Ganz einfach», antwortete Boutaris, «ich schmeisse ihn sofort raus.» Schallendes Gelächter. Seine Antwort schien Finn Rausing hingegen weniger zu amüsieren. Und als danach eine junge Frau ziemlich unverschämt feststellte, dass es Mr. Bloch und Mr. Boutaris wahrscheinlich mühelos gelingen würde, ihre Kinder für das Schokolade- oder das Weinbusiness zu interessieren, sie sich aber nicht vorstellen könne, wie es Mr. Rausing schaffen würde, seine Kinder für eine Firma zu begeistern, die würfelartige Verpackungen herstellt, da schien die nordländische Contenance von Rausing für einen Moment etwas rissig.

Die Fesseln des Systems

Rein wirtschaftlich gesehen war die Frage auch verblüffend, ja sogar subversiv. *Tetra Pak* verkörperte das Erfolgsprodukt schlechthin. Die perfekte Verpackungslösung für alle Flüssigkeiten des Lebens, weltweit unangefochten führend, hochprofitabel, eine veritable Geldmaschine. Warum soll eine Firma, die unermesslichen Ruhm und Reichtum verspricht, nicht attraktiv sein für die Nachfolger? Und doch verstanden vom Gefühl her alle im Raum die Frage der jungen Frau. Denn oft ist es ja so, dass das Leben jener, deren Traum zur Realität wird, nicht immer so glücklich verläuft. Die Medaille des Erfolgs hat zwei Seiten: Je glorioser die eine Seite leuchtet, desto stärker bekommt ein Nachfolger auch die Schattenseite zu spüren. Ja er empfindet sie mit der Zeit womöglich als die eigentliche Seite: der Überfluss, die falschen Freunde und – am bedrückendsten – die Last der hohen Erwartungen, die geschultert werden muss.

Die Vergangenheit übt eine grosse Macht auf Neueinsteiger aus, und es muss für einen unternehmerisch begabten Menschen unendlich deprimierend sein, in eine Firma einzusteigen, die schon alles erreicht hat. In einem grossen Gebilde wartet ein Alltag voller Pflichten, die das unternehmerische Feuer langsam auf die kleine Flamme drehen, als müsste der neue Kapitän seinen Konzern nach einem strikten Flugplan, den die Vorgänger hinterlassen haben, führen. So kann man sich aus der Perspektive der Studentin vorstellen, dass eine Firma wie Camille Bloch für sie verlockender ist als eine Weltfirma, selbst wenn diese hundert Mal so gross wäre. Denn wie souverän könnte sie dann noch entscheiden? Wie sehr wären ihre Taten tatsächlich von ihr bestimmt und inwiefern wäre sie nicht einfach dem System ausgeliefert? In diesem Sinn hatte ich auch ihre kritische Frage an Finn Rausing verstanden.

Ein Vorbild gerät ins Wanken

Gedanken zur passenden Grösse stellen sich in jedem Moment für jede Generation, so war es auch für meinen Grossvater Camille Bloch. Er hatte am Beispiel von Toblerone hautnah miterlebt, wie der Drang nach Grösse auch mit Risiken verbunden ist, wie ein blendend laufendes Geschäft plötzlich durch wirtschaftliche Krisen wie ein Kartenhaus zusammenbrechen kann, weil das Geld zu locker sitzt und der Patron den Boden unter den Füssen verliert. An einem Vortrag über die Entstehung und Entwicklung der bernischen Schokoladeindustrie am 29. Oktober 1951 im Haus des Warenhausbesitzers Viktor Loeb formulierte er es so:

«Wir haben gesehen, wie sich Jean Tobler mit dem Vertrieb der Lindt-Schokolade befasste, wie ihm sein Verdienst immer geschmälert wurde, sodass er diesen Vertrieb 1899 aufgab. In diesem Jahr erweiterte er seine Fabrik in der Länggasse und fing an, selber Schokolade zu fabrizieren. Im folgenden Jahr übergab Jean Tobler sein Geschäft seinen drei Kindern. Er durfte noch das Aufblühen der Schokoladefabrik erleben und starb dann 1905.

Seine drei Kinder gründeten eine Kollektivgesellschaft mit einem Anfangskapital von dreihunderttausend Franken unter der Firma Berner Schokoladenfabrik Tobler & Co. Ein Jahr später wurde eine Aktiengesellschaft mit einem Kapital von einer Million Franken ins Leben gerufen. Jahr für Jahr wurde das Geschäftskapital vergrössert, sei es durch Begebung von Aktien oder durch Obligationenanleihen. In der ganzen Welt wurden Agenten engagiert oder Verkaufsfilialen eröffnet. Tobler entwickelte sich zu einem Weltunternehmen. Die Seele des Unternehmens war Theodor Tobler. Ich kann mir keinen tüchtigeren, rührigeren und genialeren Kaufmann denken, als das Theodor Tobler war. Es gab aber auch keinen mit einer krankhafteren Expansionssucht. Was mich selbst anbetrifft, wollte es der Zufall, dass ich bei Tobler meine kaufmännische Lehre antrat. Die Jahre vor dem Ersten Weltkrieg, das war das ‹goldene Zeitalter› des Schokoladeexports, namentlich der Schweizer Milchschokolade, von welchem Tobler wie kein Zweiter profitierte. Dies hörte in den Zwanziger- und erst recht in den Dreissigerjahren auf. Im Jahr 1933, als ich anfing, von der Bohne auf zu fabrizieren, kaufte ich noch bei meinem früheren Prinzipal Theodor Tobler meine erste Conche. Kurz darauf kam das ganze Tobler-Gefüge ins Wanken. Es traten langsam grössere Verluste ein. (...)

Der ganze Tobler-Konzern musste reorganisiert werden, alle ausländischen Fabriken wurden schon vorher abgestossen. Millionen mussten abgeschrieben werden. Theodor Tobler selbst wurde ausgebootet und musste die Firma verkaufen. (...) Da kam der Zweite Weltkrieg und gab dem Unternehmen wiederum Auftrieb. Dieses hat sich längstens auf der

ganzen Linie erholt und arbeitet heute wieder sehr gut. Tobler-Schokolade wird wieder in der ganzen Welt verlangt und die Tobler-Fabrik ist heute nicht nur die grösste bernische Schokoladenfabrik, sondern eine der grössten der Schweiz.»

Diversität und Erfolg

Was hätte mein Grossvater in seinem Vortrag 1951 wohl über Tobler gesagt, wenn die Firma mit dem Welterfolg Toblerone immer noch in den Händen der Familie Tobler geblieben wäre? Und vor allem, wie sehr hätte er selbst davon geträumt, mit Ragusa eine ähnliche Geschichte zu schreiben? Angenommen, er hätte damals die Wahl gehabt, die Firma Tobler zu übernehmen samt der international gefragten Toblerone und einem ziemlich vorgezeichneten Leben oder aber seine eigene Firma Chocolats Camille Bloch mit den verschiedenen Marken weiterzuführen, die damals keineswegs einen vergleichbaren Erfolg versprachen: Für welchen Weg hätte er sich entschieden? Ich denke, eine Weltmarke zu besitzen, dazu noch eine so perfekte Produktionsmaschinerie, wie sie bei Toblerone erschaffen wurde, das hätte ihm gut gefallen. Solche Ikonen kann man nicht heranziehen. Man hat sie oder man hat sie nicht.

Doch Grösse allein, das hätte meinem Grossvater wohl nicht genügt. Denn er hätte befürchtet, dass der Fokus auf die eine Marke Toblerone alle Kraft aus der Unternehmung herauspressen würde. Für ihn umfasste das Unternehmerische immer mehr als die Herstellung und Vermarktung eines einzelnen Produkts, die Unternehmenswerte gingen bei ihm über reine Markenwerte hinaus. Nie hätte er die Ausreizung eines Produktekonzepts zum alleinigen Lebensprinzip erhoben, sondern er wollte immer einen Tropfen in der Zitrone lassen, ein diversifiziertes Angebot führen, damit nicht nur der voraussehbare Erfolg realisiert wird, sondern unterschiedliche Erfolgsoptionen möglich bleiben und das Rennen offenbleibt. Kurzum, ich stelle mir vor, er hätte seine Firma nicht mit derjenigen seines Prinzipals Tobler tauschen wollen, selbst wenn dieser 1951 nicht längst vom Glück verlassen worden wäre und seine Anteile in ausländische Hände hätte geben müssen.

Der schöpferische Unternehmer

Für diesen Weg des kreativen Unternehmers plädierte auch mein Vater Rolf Bloch. Im selben Jahr 1951 schrieb der Einundzwanzigjährige an seinen Vater zu dessen sechzigstem Geburtstag in grosser Bewunderung:

«Vorerst möchte ich Dir zu Deinem Geburtstag gratulieren. Heute Abend werden viele Leute zu einem Essen kommen. Möglicherweise wird der eine oder andere ein paar Worte sprechen. Ich selber aber werde schweigen, obschon ich als Sohn Dir für so Manches zu danken hätte. Allein ich scheue mich, eine solche Rede zu halten, da sich nicht alle Gefühle gerne an die Öffentlichkeit zerren lassen. So schreibe ich Dir halt diesen kurzen Brief. (...) Die Kunst, scheint mir, kann man nie zu früh und nie zu spät kennen lernen. Nie zu früh wegen dem, was sie in uns fördert, den Hang und das Erlebnis des Schönen. Nie zu spät wegen den Gefahren, die sie in sich birgt, die der Dekadenz, die Verweichlichung des Wollens, die Gewohnheit, die Welt nur mehr kontemplativ zu sehen und nicht mehr dynamisch und selbst in das Geschehen einzugreifen, eine Vorstellung sich zu bilden, die nicht mit der Wirklichkeit mehr übereinstimmt, sich zu überzüchten.

Was mich in der Kunst fesselt, ist die Gestaltung, das Formen aus dem Nichts. Und darin, glaube ich wenigstens, sind wir einander am meisten verwandt, denn du bist ein Gestalter, mehr noch: ein Schöpfer. (...) Wenn ich Dich, den Kaufmann und Führer eines Unternehmens als Künstler betrachte, als Künstler dank dem Schöpfungswillen und der Gestaltungskraft, so meine ich das als hohe Auszeichnung, denn der Mensch will ja erschaffen und nicht bloss schaffen.»

Mit seinem Bezug zur Kunst sieht mein Vater den Unternehmer im Unterschied zum Manager als einen, der die Zeichen der Zeit anders zu deuten versteht als der Mainstream, und der den Mut hat, ungestüm voranzuschreiten, ohne permanent auf die Meute der ökonomischen Analysten zu hören.

Auch mein Vater hätte kaum von einer grossen Struktur geträumt, in der ehrgeizige Personen das Geschäft führen, die das zu erreichen versuchen, was ihre Eigner goutieren werden. Ein System, in dem das Management die Produktions- und Vertriebsorganisation hochzüchtet, was zwar rasch zu positiven Ergebnissen führt, gleichzeitig aber auch bedeutet, dass der Spielraum für zukünftige Fortschritte kleiner wird und in dem die Kreativität niemals Königin werden kann. Sein Idealbild eines Patrons entsprach im Gegenteil ziemlich genau der Beschreibung, die mein Grossvater von Theodor Tobler gegeben hatte: *die Seele des Unternehmens*, einer, der das Unternehmen mit Passion und Überzeugung nach innen und aussen repräsentiert, sich nah am Markt bewegt, innovative Ideen einbringt. Ein Macher, der selbst anpackt, einer, der nicht nur sein Geld in die Firma investiert, sondern auch sich selbst.

Agilität in Zeiten der Not

Als mein Grossvater 1942 Ragusa erfand, war der Rohstoff Kakao aufgrund des Zweiten Weltkriegs rar geworden und alle Schokoladeproduzenten suchten nach alternativen Rohstoffen. Camille Bloch ging mit seiner Gestaltungskraft weiter als alle anderen: Er fügte der Schokolade nicht nur andere Rohstoffe wie Haselnüsse bei, sondern ersetzte die Kakaomasse der Schokolade durch ein Haselnuss-Praliné mit ganzen Nüssen und gab dem Produkt den Fantasienamen *Ragusa* – inspiriert vom historischen Namen der kroatischen Stadt Dubrovnik – sowie die Form eines Schokoladeriegels. Damit hatte er ein neues Rezept, ein neues Branding und ein neues Format auf den Markt gebracht. Dass ausgerechnet der kleine Chocolatier Camille Bloch, der seine Firma dreizehn Jahre zuvor gegründet hatte, eine solche Innovation zustande brachte, mag auf den ersten Blick erstaunen, denn es war ja nicht eines der viel grösseren und etablierten Unternehmen wie Cailler, Suchard, Tobler oder Lindt, die ja von derselben Knappheit des Rohstoffs betroffen waren und über ganz andere Ressourcen in den Entwicklungsabteilungen verfügten.

In normalen Zeiten wäre es für einen kleinen Hersteller ohne Werbebudget auch nicht möglich gewesen, eine neue Marke zu lancieren. Es brauchte einen bestimmten Kontext, der eine derartige Pioniertat in einem schon damals sehr konservativen Markt möglich machte. Da war einmal die Rationierung der Schokolade: Pro Haushalt lag die Ration bei hundert Gramm pro Woche Schokolade plus fünfzig Gramm für sogenannte Confiserie-Artikel. Und als ein solcher Artikel galt Ragusa. Mit dem Fünfzig-Gramm-Riegel schaffte mein Grossvater eine sehr praktische Grösse, die eben immer gekauft werden konnte, wenn die Schokoladeration aufgebraucht war. So fand er mit dieser Kreation auch ohne aufwendiges Werbebudget sofort den Weg in die Schweizer Haushalte.

Schliesslich nahm er damit auch einen grossen Konsum-Trend vorweg, der sich erst nach dem Krieg richtig durchsetzte auf dem Schokolademarkt: Mit steigender Mobilität assen die Menschen immer mehr Schokolade ausser Haus, und dafür war die Form des Riegels ideal. Doch warum profitierte gerade Camille Bloch von diesem Ausnahmezustand mehr als seine Mitbewerber, warum war gerade für ihn mehr als für alle anderen die Krise der Beginn von etwas Neuem? Die Mitbewerber hatten ihre Erfolgsprodukte schon seit Jahrzehnten auf dem Markt. Die meisten waren im grössten Segment der Milchschokolade unterwegs, klassischerweise mit einer Tafel und einer mit dem unverkennbaren dreieckigen Format. Innovation hiess für diese etablierten Firmen mit bekannten Namen vor allem, das Bestehende günstiger und vielleicht mit alternativen Rohstoffen herzustellen, nicht etwas ganz Neues zu produzieren.

Das etablierte Geschäft wurde als gegeben betrachtet und hatte diesen Herstellern die Elastizität und die Kraft geraubt, um sich aus den Fesseln ihres Systems zu lösen.

Die Kunst der Balance

Einmal wurde ich von Thömu Binggeli, dem charismatischen Berner Velopionier, nach Oberried bei Köniz eingeladen, wo er seine Velowerkstatt aufgebaut hatte, um vor seiner grossen, treuen Fangemeinde einen Vortrag zu halten. Vom Thema meines Gastgebers inspiriert, verglich ich ein erfolgreiches Unternehmen mit einem Fahrrad: Das Hinterrad steht für die Kraft, die Stabilität, für das Erzielte; das Vorderrad für die Ambition, die Zukunft und die Selbstbestimmung. Die Kunst des Velofahrens besteht darin, mit den Beinen den nötigen Schwung zu erzeugen, ohne sich von der Geschwindigkeit treiben zu lassen und mit dem Kopf die Kontrolle über die Lenkung zu verlieren.

Darin besteht auch die Kunst des Unternehmers. Sie steht immer in einem Spannungsfeld zwischen Kraft und Richtung, dem Herkömmlichen und dem Neuen, Mainstream und Abgrenzung, zwischen Kunst und Kommerz. Und in dieser Balance ist es immer interessanter, den Menschen einen gewissen Freiraum zu lassen, um Neues zu entwickeln, sich von Zukunftsvorstellungen leiten zu lassen und sich nicht nur von hinten schieben zu lassen. Gerade wenn ein Markt boomt, ist es besonders schwierig, die Balance zu halten. Tobler, der vom «goldenen Zeitalter» profitierte wie kein Zweiter, wurde nach Einschätzung meines Grossvaters vor lauter Ambition gar krankhaft expansionssüchtig. Das Vorderrad machte sich bei ihm selbstständig und warf ihn aus der Bahn.

Die Gefahr des Rückenwinds

Ebenso besteht die Gefahr, sich in solchen Zeiten des Rückenwinds vom Hinterrad überrollen zu lassen. Nehmen wir als Beispiel eine Bank, die Hypothekarkredite vergibt. In der Schweiz gibt es viele, die dieses Geschäft betreiben – regionale, kantonale und sogar internationale Banken. Sie wurden ursprünglich nicht zur Verwirklichung des Traums vom Eigenheim gegründet, sondern zur Finanzierung von Firmenkrediten. Doch diese nehmen in den letzten Jahrzehnten kaum mehr zu, trotz Wirtschaftswachstum. An deren Stelle sind die Hypothekarkredite der Privaten zum Hauptgeschäft geworden. Sie machen in der Schweiz fast das ganze Kreditvolumen aus. Daher sind viele Banken wegen der boomenden Nachfrage nach Wohneigentum genau in diesem Segment gewachsen. Der Ertrag aus solchen Krediten ist mittlerweile für viele Institute zur wichtigsten Einnahmequelle geworden und hat den Banken einen nachhaltigen Geldsegen beschert, denn die Kredite sind durch das Wohneigentum als Pfand gut gesichert, die Zinsen fliessen mehrere Jahre, der Kunde bleibt oft ein Leben lang derselben Bank treu. Zudem war in den letzten Jahren das Risiko, dass es zu einem Kreditausfall kam, wegen der eher tiefen Zinsen und der Wertsteigerung des Pfandes überschaubar.

Kritik und Selbstkritik

In den 2010er-Jahren war ich Mitglied in einem Bankrat und wurde nach wenigen Monaten im Amt vom damaligen Verwaltungsratspräsidenten zum Mittagessen eingeladen. Er fragte mich nach meinen ersten Eindrücken. Mir gefalle die verbindliche Kultur in der Bank sehr gut, die Zahlen würden stimmen, aber ich hätte in den Führungsgremien noch keine Innovatoren angetroffen und das gebe mir für die Zukunft zu denken, antwortete ich. Das stimme wahrscheinlich, entgegnete mir der Präsident. Im Unterschied zum Konsumgütergeschäft spielten Innovationen im Banking jedoch keine so wichtige Rolle; wichtiger für die Bank sei die Sicherheit, auch wenn diese vielleicht langweilig erscheine. In meinem jugendlichen Übermut gab ich zu bedenken, dass innovativere, junge Menschen irgendwann gesättigt seien von Stabilität und sich nach Emotionen und Leidenschaft sehnten. Daher sollte man auch andere

Bereiche innerhalb der Bank stärken. «Ein interessanter Standpunkt», attestierte er mir, doch ich fühlte mich nicht ganz ernst genommen.

Einige Jahre später musste ich mir allerdings dieselben Fragen stellen: Wie innovativ war eigentlich Camille Bloch im anscheinend innovationsfreudigeren Konsumgüterbereich unterwegs? Mit der Marke Ragusa hatten wir einen unglaublichen Lauf: Wir hatten es geschafft, die Produktepalette auf attraktive Weise zu erweitern, ohne das Besondere und Einmalige der Marke zu verwässern. Diese Entwicklung begann mit einer eher banalen Idee, nämlich den klassischen Ragusa-Riegel auch als halbe Portion zu fünfundzwanzig Gramm anzubieten. Aus Sicht meines Vaters stellte dieser Schritt denn auch gar keine echte Innovation dar. Der Markt sah das allerdings etwas anders, denn die Einführung hatte zur Folge, dass der Ragusa-Umsatz 2005 in der Schweiz erstmals seit den 1980er-Jahren wieder wuchs.

Von diesem Erfolg beflügelt, entwickelten wir zwei Jahre später das *Ragusa Noir* mit einem Kakaoanteil von sechzig Prozent und landeten damit einen wahren Hit. Dann folgte 2014 *Ragusa Blond*, mit dem uns eine Pioniertat gelang, da wir den Begriff *Blond* für karamellhaltige Schokolade auf dem Markt einführten. *Blond* schlug so sehr ein, dass die Idee von einigen grossen Mitbewerbern umgehend nachgeahmt wurde. Weiter lancierten wir mit *Ragusa for Friends* kleine Ragusa-Pralinés in einer Schachtel zum Teilen. Alles in allem gelang es uns, durch diese Markenerweiterung und dank neuer Kunden in der Schweiz den Ragusa-Absatz innerhalb eines Jahrzehnts zu verdoppeln. Dies machte mich besonders stolz, da mein Vater bei meinem Eintritt in die Firma davon ausging, dass der Markt für Ragusa in der Schweiz gesättigt war.

Von Ragusa verwöhnt

Wir waren so sehr von der Kraft der starken Marke Ragusa ergriffen worden, dass es einige Stimmen in der Firma gab, die auf dieser Erfolgswelle weitersurfen wollten. Andere *Powerbrands* wie Ovomaltine hatten es schliesslich vorgemacht, wie man aufgrund der unschlagbaren Bekanntheit und Beliebtheit der Marke erfolgreich in neue Produktkategorien vordringen kann. Warum sollten wir also nicht auch versuchen, eine Ragusa-Glace, ein Ragusa-Biskuit oder einen Ragusa-Brotaufstrich auf den Markt zu bringen? Der Gedanke war verführerisch und ich hatte 2018, kurz nach Eröffnung unseres Besucherzentrums, zunächst auch keine bessere Idee auf Lager, um die Leute in unseren Kreativabteilungen bei Laune zu halten. Mit Innovationen in der Torino-Familie, unserer anderen Top-Marke, hatten wir zwar beachtliche Designpreise gewonnen, aber auf dem Markt nicht dieselben Impulse ausgelöst, und so lagen die Hoffnungen für weitere Neuentwicklungen einmal mehr auf Ragusa.

Als heisseste Option für das nächste Ragusa wurde ein Brotaufstrich gehandelt, nicht zuletzt, weil eine artisanale Version davon bei vielen Kunden im neuen Besucherzentrum als ideale Brunch-Beilage gut ankam. Aus meiner Sicht war das ein Irrweg. Erstens gab es schon genügend Sorten Brotaufstrich auf dem Markt, zweitens hätte man die Rezeptur von Ragusa banalisieren müssen, um ein solches Produkt entwickeln zu können, und drittens widerstrebte es mir, eine Innovation zu bringen, die so offensichtlich war, dass sie von allen erwartet wurde. Ragusa hat immerhin das Image einer Pioniermarke zu wahren, und als solche lebt sie von Überraschungseffekten.

Als der Druck nach der nächsten Innovation zunahm, erhielt ich unerwartet Schützenhilfe, ausgerechnet von McDonald's Schweiz. Deren Manager hatten uns schon vor einiger Zeit angefragt, ob wir interessiert wären, für ihre Glace-Linie *McFlurry* eine Ragusa-Variante zu entwickeln. Wir müssten dazu eine Couverture aus Ragusa, ein sogenanntes *Topping,* für ihre Glace liefern. Nachdem wir mit *McFlurry* schon einmal mit einem Torino-Topping gute Erfahrungen gemacht hatten, waren wir nach einigem Zögern schliesslich einverstanden, für diese Partnerschaft auch die Marke Ragusa zur Verfügung zu stellen. Das wurde mir vor allem von den jüngeren Mitarbeitenden als Zeichen von Weisheit angerechnet, denn dadurch würde die Marke Ragusa auch für die jüngeren Semester, die bei McDonald's einkehren, sichtbarer werden. Die Resultate aus dieser Partnerschaft sollten sich in den nächsten Jahren als sehr erfreulich erweisen. Vor allem verschaffte sie mir etwas Luft. Das Thema Brotaufstrich und andere Produkte war fürs Erste vom Tisch.

Die Erfolgswelle von Ragusa, die durch die Eröffnung unseres Besucherzentrums und das Engagement des Skichampions Lara Gut als Markenbotschafterin noch zusätzlichen Schub erhielt, hatte alle anderen Themen, die uns hätten beschäftigen können, in den Hintergrund gedrängt. Immer häufiger stellte man mich fremden Leuten als *Mr. Ragusa* vor, was bei Jung und Alt grossen Eindruck machte, mich selbst aber immer etwas erschreckte: Hatte diese Marke schon derart von mir Besitz ergriffen? Hatten wir es etwa vermasselt, auch ganz Neues zu schaffen?

Ein Querdenker provoziert

In dieser Zeit der Fragen lud der Schweizer Schokoladeverband Chocosuisse im Mai 2019 den bekannten Zürcher Musiker, Geschäfts- und Lebemann Dieter Meier als Referenten an seine Generalversammlung ein. Er hatte sich als Kunstaktivist und Musiker, später auch als Produzent von feinen argentinischen Weinen und Fleisch einen Namen gemacht und war neuerdings auch unter die Chocolatiers gegangen. Und dies mit einer aus seiner Sicht revolutionären Herstellungsmethode, die vor allem darin besteht, Kakao nicht mehr zu rösten, sondern zu pressen, um «die Masse in Elemente aufzuteilen, mit denen man dann spielen kann». Auf diese Weise würden sich die Bestandteile aus dem Kakao erhöhen und der Zuckergehalt reduzieren lassen, ohne dass die Schokolade zu bitter schmecke. Mit der ihm eigenen Lust an peppigen Formulierungen und kurz bevor er die Generalversammlung zur Degustation seiner Wunderschokolade einlud, provozierte er sein sonst erfolgsverwöhntes Fachpublikum mit den Worten: «Ihr seid gar keine Chocolatiers, ihr seid alle Zuckerhändler.» Damit schuf er sich keine Freunde. Entsprechend durchzogen fiel bei der anschliessenden Degustation die Begeisterung für seine Schokolade aus.

Natürlich wurde auch ich nach meiner Meinung gefragt, hielt mich aber mit einem Urteil zurück. Viele hielten Dieter Meier für einen Showman, dem man nicht alles glauben kann. Meine Schwester hingegen, die über gute Menschenkenntnisse verfügt und Dieter Meier persönlich kennt, hatte mich bereits darauf aufmerksam gemacht, dass dieser ein neuartiges Schokoladekonzept im Köcher habe und beschrieb ihn als jemanden, der immer die Nase im Wind hat. Und so antwortete ich meinen Kollegen: «Es geht nicht darum, das Resultat der Idee zu bewerten, sondern die Idee als solche.»

Und die Idee beschäftigte mich tatsächlich: weniger Zucker, mehr Kakao. Mein erster Gedanke war, dass das, was für klassische Schokolade eine ziemliche Herausforderung darstellte, für Ragusa einfacher zu realisieren wäre, nämlich weniger Zucker und mehr Haselnüsse zu verwenden. Im Unterschied zu Kakao sind Haselnüsse auch pur sehr gut geniessbar. Und die ganze Problematik des bitteren Geschmacks des Kakaos fällt bei Haselnüssen weg. Mit dieser glänzenden Überlegung suchte ich am Montag, zwei Tage nach dem Referat von Dieter Meier, unsere Produktentwicklerin Carine Rivat in ihrem Labor auf und bat sie, ein Ragusa mit einem Haselnussanteil von sechzig Prozent zu entwickeln. Sie reagierte ziemlich konsterniert: «Weisst du eigentlich, wie viel Haselnüsse es im Ragusa hat?» «Wie soll ich das denn wissen, du bist ja die Einzige, die das Rezept kennt», antwortete ich scherzend. «Es sind achtundzwanzig Prozent», erklärte mir Carine. «Damit sind wir tatsächlich ziemlich weit von sechzig Prozent entfernt – doch das ist schon die richtige Zahl, wenn wir uns mit einem hohen Anteil von Haselnüssen positionieren wollen.»

Tüfteln in Labor

Wie aber konnten wir so viele Nüsse in ein Ragusa bringen? Carine versuchte es zunächst mit mehr ganzen Haselnüssen. Da lag sehr wenig drin, denn der Ragusa-Riegel begann schon ab dreissig Prozent Nüssen brüchig zu werden. Das war also nicht der Weg. Als Nächstes hatten wir die Idee, Haselnussmehl in die Füllung zu geben. Haselnussmehl entsteht beim Pressen der Haselnüsse, als Nebenprodukt von Haselnussöl. Das Problem war, dass dieser Rohstoff auf dem Markt gar nicht erhältlich war. Wir konnten allerdings eine Mühle in Frankreich ausfindig machen, die bereit war, für uns dieses Produkt herzustellen, sofern wir auch bereit wären, ihr das ganze Öl abzunehmen, das dabei entstehen würde. Es ging um Tausende von Litern. Vielleicht wäre das Öl für uns sogar zu einem Renner geworden, doch es stellte sich bald heraus, dass wir selbst mit dem Mehl in der Füllung keine nennenswerte Erhöhung des Haselnussanteils im Ragusa erreicht hätten, ohne das Geschmackerlebnis völlig zu verfälschen, und so mussten wir auch diesen Ansatz schliesslich fallen lassen.

Mit der Zeit musste ich einsehen, dass es nicht gelingen würde, ein Ragusa mit mehr Haselnüssen zu entwickeln, und so entstand die Idee, den Spiess umzudrehen und stattdessen Haselnüsse mit Ragusa zu machen. Das heisst, eine Haselnuss mit Ragusa zu umhüllen – zu dragieren, wie es in der Fachsprache heisst. Ich muss hier beifügen, dass schon Thomas Gysi, damals Inhaber der Chocolaterie Gysi in Bern, ungefähr zehn Jahre zuvor mit einer solchen Idee auf mich zugekommen war. Damals hatte ich sie noch verworfen. Wir hatten andere Prioritäten und es fehlte die Geschichte, warum es gerade ein solches Produkt brauchte. Doch nun, wo viele Menschen auf ihren Zuckerkonsum achteten, war die Zeit reif für diese Kreation. Da wir jedoch nicht über die Technologie verfügten, um selbst zu dragieren, kontaktierte ich Thomas Gysi, der sich noch gut an seine Idee erinnerte und sofort bereit war, den Prototyp zu entwickeln.

Vom Teilen einer Idee

Ein entscheidender Punkt beim Verwirklichen von Ideen ist die Frage, ob es gelingt, das Marketing frühzeitig davon zu überzeugen und ihm den Lead zu übergeben. Die zentrale Figur für ein solches Projekt war bei uns Fabienne Leuenberger. Sie hatte sich berufsbegleitend im Marketing weitergebildet und bereits 2014 die ganze Lancierungskampagne für *Ragusa Blond* koordiniert und 2015 das Praliné *Ragusa Friends* lanciert. Dann modernisierte sie die Bildsprache für Torino und Ragusa, versah die Marken mit einem neuen Claim und war jetzt bereit für ein neues Abenteuer. Sie gehört zu denjenigen Menschen, die immer offen sind für Neues, die bereit sind, Dinge zu erleben, die ihren Alltag verändern. Wie ich feststellte, sind diese Menschen häufig erfolgreicher als jene, die selbst vor Ideen sprühen, denn sie haben die Gabe, Neues auf sich zukommen zu lassen und zu spüren, ob die Zeit reif dafür ist.

Fabienne Leuenberger merkte sofort, dass in der Idee von Haselnüssen mit Ragusa etwas lag, und wollte von mir wissen, wie ich mir die Bezeichnung des Produkts vorstellte. «Ragusa 60 Prozent» antwortete ich. Ob ich einverstanden sei, dass sie sich mit einigen Leuten aus dem Marketing weitere Gedanken über den Namen dieses Produkts machen würde, fragte sie diplomatisch. In der Tat klang «60 Prozent» nicht gerade berauschend und vielleicht liesse sich eine Bezeichnung finden, die die Produktidee pfiffiger auf den Punkt bringen könnte. Was mir Fabienne Leuenbergers Frage aber vor allem signalisierte, war, dass sie bereit war, die Sache an die Hand zu nehmen. Etwa zehn Tage später hatte ihr Team tatsächlich einen Namen gefunden, den sie mir präsentierte: *Ragusa SoNuts*. Es braucht im Leben eines Patrons immer eine gewisse Souveränität, um solche Momente zu bewältigen, in denen er das Gefühl hat, dass ihn seine Mitarbeitenden übertrumpfen.

Anton Flury, ein früherer enger Mitarbeiter meines Vaters, hatte mir einmal berichtet, dass es schon vorgekommen sei, dass mein Vater eine Idee ablehnte, um sie einige Zeit später, leicht abgewandelt, als seine eigene einzubringen. Vielleicht musste mein Vater auch so agieren, um den Vorstellungen eines Patrons seiner Zeit zu entsprechen. Ich nahm mir jedenfalls vor, nie den geringsten Anlass für solche Geschichten zu geben, und bin froh, einer Generation anzugehören, die es nicht als die Aufgabe des Patrons ansieht, immer die besten Lösungen zu finden, wohl aber diese in jedem Fall zuzulassen. Gerade im Bereich von Innovationen, wo sich die Chefs gerne als Urheber von Ideen feiern lassen, scheint mir diese Unterscheidung sehr wesentlich.

Ich fand den Namen *SoNuts* absolut passend, klangvoll und durch seine Doppeldeutigkeit mit jenem *petit peu de folie* versehen, das einst Coco Chanel zur unverzichtbaren Ingredienz des Lebens deklariert hatte. Ich fand den Namen so gut, dass ich sogar erwog, aus dem *Ragusa SoNuts* ein *SoNuts Ragusa* zu machen. Diese Umkehr der Reihenfolge stellt einen kleinen Unterschied dar, allerdings mit der grossen Konsequenz, dass dadurch *SoNuts* die Hauptmarke würde und *Ragusa* nur eine Sorte darunter. Das würde die Möglichkeit eröffnen, eine ganz neue Produktelinie zu begründen. Carine Rivat war bei dieser sogenannten «Ideation» zwischen Fabienne und mir anwesend. Dieser Vorgang beschreibt den kreativen Prozess, bei dem eine Idee die andere erzeugen kann. Carine Rivat erkannte in der angedachten neuen Markenhierarchie sofort die Chance, auch ein *SoNuts Torino* auf Mandelbasis – quasi als Schwester von *SoNuts Ragusa* – zu entwickeln.

Ein neuer Input

Manfred Stiefel sah die Geschichte gar noch grösser. Er war bei Camille Bloch zwei Jahre zuvor als Exportchef und Mitglied der Geschäftsleitung eingestiegen und auf dem Weg, die Verantwortung auch für den Schweizer Markt zu übernehmen. Seine Karriere als Verkaufs- und Marketingchef war bisher untypisch verlaufen. Nach einem Studium der Veterinärmedizin war er bei der Produktelinie *Royal Canin* eingestiegen, die zur Tierfutterdivision des Mars-Konzerns gehört. Dort erlernte er den Verkäuferjob von der Pike auf, lernte auch den französischen Markt kennen und erhielt dann die Chance, bei einem mittelständischen deutschen Vertreiber von Heilmitteln die Geschäftsleitung zu übernehmen. Mit dieser breiten internationalen Führungserfahrung im Verkauf, seinem strategischen Denken und seinem echten Interesse an einer Führungsaufgabe in einem Schweizer Familienunternehmen war er für uns eine ideale Besetzung für den Posten des Exportchefs, auch wenn er keine spezifischen Erfahrungen im Schokoladegeschäft mitbrachte.

Als wir *SoNuts* entwickelten, hatte Manfred Stiefel seine ersten Erfahrungen bei uns bereits hinter sich. Ich schätzte seine Art, die Dinge zunächst einmal laufen zu lassen, seinen Leuten zu vertrauen und sich gleichzeitig nicht zu scheuen, sämtliche Entscheide – seine eigenen eingeschlossen – zu hinterfragen, wenn er das Gefühl hatte, dass der Kurs nicht mehr stimmte. Er war derjenige, der meinte, wir könnten mit der Marke etwas völlig anderes machen als Schokolade. Als Röster von Nüssen seien wir sogar legitimiert, Nüsse mit etwas anderem zu verbinden, das keinen Zucker enthalte. Dass dieser Trend nach weniger Zucker vorherrsche, da war er mit Dieter Meier einig, selbst wenn gewisse Kreise, die immer deutlichere Vorbehalte gegen Zucker anbrachten, bei Schokolade noch bereit waren, eine Ausnahme zu machen. Wir in Courtelary indessen nahmen diese Vorbehalte durchaus ernst.

Doch zuallererst wollten wir mit *SoNuts Ragusa* und *SoNuts Torino* loslegen, denn dazu hatten wir genügend Elemente in der Hand, selbst wenn Aspekte des Marketings noch nicht abschliessend definiert waren. Und mit diesem Entscheid nahmen Schlag auf Schlag das Produkt, die Verpackung und auch die Positionierung der Marke *SoNuts* Gestalt an. *SoNuts* sollte auf einen Nussanteil von mindestens fünfzig Prozent kommen und in einem handlichen, etwa Vierzig-Gramm-Beutel verpackt werden. Es ging wieder einmal – wie 2017 bei der Entstehung von *Ragusa Blond* und dem neuen Besucherzentrum – ein Ruck durch die Firma, der es erlaubte, die Innovation bis zur Marktreife weiterzutreiben.

Die Katze aus dem Sack

Der erste Kunde, dem wir das Produkt vorstellten, war kein geringer, doch der Zeitpunkt der Präsentation war eher zufällig: An einem Tag Ende 2019 besuchte uns Daniel Böhni, Coop-Chefeinkäufer der Kategorie Schokolade. Solche eher seltenen Besuche sind für mich ideale Gelegenheiten, persönlich mit unseren Kunden in Kontakt zu bleiben. Er war mit seiner damaligen Mitarbeiterin bei uns und wir empfingen ihn im grösseren Komitee: Ausser mir waren Manfred Stiefel, Fabienne Leuenberger, Domenico Larizza, der den Verkauf Schweiz leitet, sowie Daniel Schumacher, der Kundenverantwortliche für Coop, anwesend. Am Schluss der Gespräche, nachdem wir die üblichen Themen über Schokolade im Allgemeinen und unsere Zusammenarbeit im Besonderen diskutiert hatten, fragte mich Daniel Böhni, welche Produktinnovationen wir im Köcher hätten.

Wenn man an Innovationen arbeitet, stellt sich immer die Frage, wann man die Katze aus dem Sack lässt. Ist man zu früh, ist sie noch nicht genügend gefestigt, ist man zu spät, dann kann man die Kundensicht möglicherweise zu wenig einbeziehen. Und so antwortete ich etwas geheimnisvoll, dass wir ein neues Produkt entwickelt hätten, das nicht als Schokolade bezeichnet werden könne und damit wohl nicht in seine Einkaufskategorie falle. Natürlich wurde er sofort hellhörig, und als wir ihm die Idee von *SoNuts* in groben

Zügen schilderten, protestierte er entschieden dagegen, dass er für ein solches Produkt nicht zuständig sei. «Wir sehen uns aber mit *SoNuts* gar nicht im Schokoladeregal», gab ich zu verstehen. Er sei trotzdem zuständig, insistierte Herr Böhni, sichtlich angetan von *SoNuts*. Und als Beweis deklarierte er, er werde das Produkt unverzüglich seinem Team vorstellen mit der Empfehlung, es aufzunehmen. Wenn bei Grosskunden neue Produkte eingeführt werden, muss der Hersteller normalerweise bestehende Artikel aus dem Sortiment nehmen, denn der Platz für Schokolade im Regal ist begrenzt. Doch in unserem Fall fand keine Diskussion über mögliche «Austauschartikel» statt, und das war für mich das enorm positive Zeichen, dass Coop *SoNuts* nicht als klassischen Schokoladeartikel wahrnahm.

Lancierung in der Pandemie

Genau in den Tagen, als wir das Produkt bei Coop lancierten, brach die Pandemie aus. Degustationen im Laden, die bei der Einführung von neuen Produkten fix dazugehören, waren in dieser Zeit nicht möglich. In Anbetracht dieser Umstände liefen *SoNuts Ragusa* und *SoNuts Torino* in den ersten Monaten bei Coop erstaunlich gut. Natürlich musste die neue Marke *SoNuts* ihre Käufer finden und konnte nicht – wie damals *Ragusa Blond* – davon profitieren, dass die Marke, die Form, die Rezeptur schon «gelernt» waren. Wir mussten uns daher auf eine ganz andere Anlaufzeit einstellen. Schliesslich wollten wir ein neues Publikum mit einem neuen Angebot ansprechen. Doch die Dinge sollten sich noch weiter zuspitzen. Anfang 2020 erreichte mich die bittere Nachricht von Thomas Gysi, dem Inhaber von Chocolat Gysi, dass er seinen Familienbetrieb, der ungefähr zur gleichen Zeit wie Chocolats Camille Bloch in Bern gegründet worden war, aufgeben müsse. Ein grosses Drama für ihn und seine Familie. Ein kleines Drama für uns, da er unsere *SoNuts* produzieren sollte, weil wir nicht über die notwendige Technologie verfügten. Immerhin erhielten wir die Nachricht einige Monate, bevor er die Produktion einstellte, was uns genügend Zeit liess, uns selbst auszurüsten und die Produktion in die eigenen Hände zu nehmen. Alles selbst zu produzieren, war Teil unserer Philosophie, und es geschah für *SoNuts* allerdings früher, als wir uns es vorgestellt hatten.

Für mich persönlich bedeutete es, an der nächsten Süsswarenmesse in Köln, die Ende Januar 2020 noch stattfand, erstmals auch die Ausstellung der Maschinenhersteller im Soussol zu besuchen. Bisher kannte ich nur die *Bel Etage* der Messe, die schicken Räume, die für die Königsdisziplin der fertigen Süsswaren aus aller Welt reserviert waren. Im «Maschinenraum» kam bei mir ein Gefühl auf wie im Film «Metropolis» von Fritz Lang, als einer aus der Oberstadt sich in die Unterstadt verirrte. Doch statt mich wie im Film in eine hübsche Frau zu verlieben, besuchte ich dort den

Stand von *Wolff*, dem Hersteller von Dragier-Maschinen, die wir kaufen wollten. Denn um die Nüsse selbst zu dragieren und dann auch in Beutel abzupacken, mussten wir in neue Maschinen investieren. Die Investitionen überstiegen die Millionengrenze und mussten daher wohlüberlegt sein. Anfang Juli 2020 lag der Kreditantrag unseres Produktionschefs Jean Kernen vor.

Bereit zur Investition

Ich war schon in meinen Sommerferien, doch die Zeit drängte, und so trafen Jean Kernen, Manfred Stiefel und ich uns in einem Restaurant bei Bern. Als Entscheidungsgrundlage hatten Jean Kernen und Manfred Stiefel einen detaillierten Businessplan erarbeitet, der neben den kleinen Vierzig-Gramm-Beuteln auch eine grössere Hundertzwanzig-Gramm-Variante vorsah. Die kleinere Packung war das Format für den Impulskauf vorne an der Kasse, die grössere Packung für den Kauf hinten im Ladenregal. Ich warf einen flüchtigen Blick auf den mehrseitigen Investitionsantrag und war damit einverstanden. Das löste bei Jean wiederum Konsternation aus. Ich hätte das Papier gar nicht richtig studiert, meinte er in einem für ihn nicht ganz untypischen, leicht tadelnden Ton.

«Wenn die Annahmen stimmen, dann stimmen auch die Schlussfolgerungen», entgegnete ich. Und das war ehrlich gemeint, denn Jean hatte, seit ich ihn kannte, noch nie ein Dokument verfasst mit falschen Schlussfolgerungen. «Das mag sein», räumte Jean ein. «Aber stimmen die Annahmen?» Es sei jetzt der letzte Moment, um sich diese entscheidende Frage zu stellen. «Gut, wenn du das unbedingt hören willst: Ich denke, ob die Annahmen im Businessplan stimmen oder nicht, ist gar nicht die entscheidende Frage», meinte ich. Die wichtige Frage sei, ob wir wirklich glaubten, mit *SoNuts* etwas auf dem Markt bewegen zu können, ob wir bereit seien, uns über Jahre damit zu beschäftigen, selbst wenn das Produkt die Erwartungen nicht immer erfüllen würde. Ob wir bereit seien, danach wieder aufzustehen und weiterzugehen, zu handeln, statt zu warten, ob wir die nötige Durchhaltekraft haben würden in diesem Rennen. Also fragte ich schlicht: «Seid ihr bereit?»

Ich schätzte die Debatten mit Jean Kernen und er wusste das. Er wusste auch, dass ich ein bisschen Anlauf brauchte, um in die Tiefe der Dinge einzutauchen, und daher liess er nicht locker, bis er spürte, dass ich so weit war. Jetzt war er mit mir zufrieden. Manfred, der sich unsere verbalen Auseinandersetzungen nicht gewohnt war, schien meine Gretchenfrage nicht aus der Fassung zu bringen. Er bezog Stellung: Klar stünden wir mit *SoNuts* erst am Anfang, er glaube aber an die Idee und an unsere Legitimität, genau jetzt ein solches Produkt auf den Markt zu bringen, denn das sei gerade gefragt und aufgrund der eigenen Zutatenmischung einmalig. Es sei ein Produkt, das gegenüber reinen Nüssen einen originellen Zusatz biete und gleichzeitig hinsichtlich Nachhaltigkeit, Gesundheit, Qualität und Genuss kein Entweder-Oder verspreche, sondern ein *all inclusive. SoNuts* passe deshalb zu uns und unserer Zeit.

Die unverhoffte Lösung

Damit war der Grundstein für *SoNuts* gelegt. Auf der Suche nach neuen Geschmacksvarianten überrumpelte uns ganz unerwartet eine Lösung: Florian und Jonathan, zwei junge talentierte Ingenieure, die gerade an derselben Schule wie ich ein halbes Jahrhundert davor ihren MBA absolvierten, hatten im Rahmen der Ausbildung einen *business case* entwickelt, den sie nach Möglichkeit in die Tat umzusetzen gedachten. Ihre Idee war, einen Kaffee zum Essen statt zum Trinken auf den Markt zu bringen. Beide waren von ihrem Arbeitgeber *Bain*, einer internationalen Consulting-Firma, ans INSEAD geschickt worden, um sich für den nächsten Karriereschritt fit zu machen. Häufig kehren diese jungen Talente nach der Ausbildung zu ihrem Arbeitgeber zurück, aber bei Florian und Jonathan gab es keine Verpflichtung dazu. Die beiden erwogen ernsthaft, sich selbstständig zu machen, ein Start-up zu gründen und ihre Idee zu vermarkten. Sie hatten ein Muster ihres Coffee-Snacks entwickelt und baten mich – als ein in ihren Augen erfahrener Unternehmer in dieser Branche – um meine Einschätzung der Marktchancen und um gute Tipps.

Ich fand die Idee überzeugend, denn ich sah eine Parallele zur Welt der Schokolade: Auch Schokolade war jahrhundertelang ein Getränk gewesen, bevor sie ihre heute viel bekanntere und populärere feste Form erhielt. Geschmacklich war ich von den Mustern, die mir die beiden zugesandt hatten, ebenfalls recht begeistert. Sie hatten aus der Verbindung von Kaffeepulver und Kakaofett ein etwa zwanzig Gramm schweres Täfelchen entwickelt, das gleich viel Koffein wie eine Tasse Kaffee enthielt. Als Markennamen hatten sie sich *Kafi* vorgestellt.

Nach einigen Diskussionen mit den jungen Ingenieuren über die Chancen und Risiken von Neuheiten im Food-Bereich erwies sich für sie die Option, sich selbstständig zu machen und voll auf dieses Kafi-Produkt zu setzen, als zu riskant. Sie favorisierten den sichereren Weg und kehrten beide nach der Ausbildung zu Bain zurück und überliessen mir ihre Kafi-Idee.

So «passierte» es praktisch ohne unser Zutun, dass Kaffee und *SoNuts* zusammenfanden. Es sind solche Ereignisse, weil sie bei mir ein veritables Glücksgefühl auslösen: Dinge, die wir gar nicht geplant hatten, sondern die einfach passieren, weil sie mit dem, was wir wollen, übereinstimmen und die dann geschehen.

Vorfreude ist die schönste Freude

Rasch begann sich *SoNuts Coffee* vom Gedanken zum fertigen Produkt zu entwickeln: Carine Rivat nahm es wie gewohnt mit viel Elan an die Hand, eine charaktervolle und zauberhaft genussreiche Kaffeemasse zu entwickeln, um damit unsere selbst gerösteten Mandeln zu überziehen.

SoNuts Coffee wurde Anfang 2021 nach *SoNuts Ragusa* und *SoNuts Torino* breit in den Markt eingeführt. Die Marke *SoNuts* war natürlich immer noch kaum bekannt und mit der Kaffee-Variante hatten wir erstmals seit Jahrzehnten eine Innovation, die ganz ohne die bekannten Namen Ragusa und Torino auskam. *SoNuts Coffee* war die Unabhängigkeitserklärung unserer Innovation. Schokolade ist für den Konsumenten wie ein guter alter Freund: Sie darf sich nie verändern. In einem solchen Markt sind die Erfolgschancen von Innovationen immer unwahrscheinlich. Wir waren noch längst nicht bei den Umsätzen im Businessplan angekommen. Und dennoch waren wir schon im *Flow*, denn wir hatten den Fokus mehr auf die Zukunft als auf die Vergangenheit gelegt, mehr auf Abgrenzung als auf

Mainstream, mehr auf das lebendige Spiel als auf das planbare Geschäft. Wir hatten uns für den Weg entschieden, aus unseren Kompetenzen Neues zu schöpfen. Ergebnisse kommen und gehen. Es gibt aber Taten, die bleiben, weil sie Wünsche erfüllen, die mit unserem Charakter verbunden sind. Als eine solche Tat empfanden wir *SoNuts*: als einen inneren Erfolg.

«LASST UNS IN UNSER
INNERES HINEINBLICKEN.
LASST UNS UNSER
LEBEN AUF EINEN
HÖHEREN PLAN HEBEN,
WIE MAN EINEN EIMER
AUS DEM BRUNNEN
HERAUFHOLT.»

Martin Buber, Religionsphilosoph

KAPITEL 3
DER HÖHERE PLAN

Es war auf einem Flug von Zürich nach Accra, Ghana, als mein Reisebegleiter René Meier einen genialen Einfall hatte, der in der Folge eine ganze Kaskade von Konsequenzen auslöste. Die Reise fand im Januar 2012 statt und hatte zum Zweck, die Hersteller unseres Kakaos in Afrika zu besuchen. Wir waren also von Kopf bis Fuss auf Rohstoffe eingestellt und ganz glücklich, dank eines neuen Programms erstmals in der Geschichte der Firma den Kakao bis zum Dorf seines Ursprungs zurückverfolgen zu können.

Die verschobene Reise

Im Grunde hätte diese Reise so gar nie stattfinden sollen. Sie war eine Art Ersatz für eine andere Reise, die von unserem Schokoladeverband organisiert worden war, um ausgewählten Medienschaffenden einen Eindruck der Arbeitsverhältnisse im Kakaoanbau vor Ort zu vermitteln. Man wollte den Journalisten aufzeigen, was die Schweizer Schokoladebranche gegen das sehr verstörende Phänomen der Kinderarbeit unternommen hatte, gegen die es kein absolut patentes Rezept zu geben scheint. Auch ich hätte mitreisen sollen, um unseren Ansatz zu präsentieren. Meine Teilnahme verärgerte jedoch einen Grossen der Branche, der im selben Programm engagiert war, da er befürchtete, wir würden ihm die Show stehlen. Der Sache zuliebe liess ich dem grösseren Chocolatier, der sich ursprünglich gar nicht angemeldet hatte, den Vortritt. Die Stiftung, die am Ursprung des Kakaos mit uns beiden als Kunden arbeitete, war erleichtert über die Beilegung des Konflikts und lud mich ein, die Reise zu einem späteren Zeitpunkt nachzuholen.

Statt mit Journalisten und anderen Herstellern war ich nun also mit unserem Einkaufschef René Meier unterwegs nach Afrika. René Meier ist einer der wenigen Schlüsselmitarbeiter, die nicht von einer grösseren Firma zu uns gestossen waren, sondern von einer kleineren. Nach dem Studium reiste er einige Jahre um die Welt und schlug sich mit

Gelegenheitsjobs durch, unter anderem als Skilehrer. Dann stieg er in eine kleine Handelsfirma ein, die Pilze aus aller Welt in die Schweiz importierte. Damit wurde er unmittelbar mit vielen Themen konfrontiert, die auch uns immer stärker beschäftigten. Sofort fiel mir auf, wie René es scheinbar mühelos fertigbrachte, sich geschickt im Spannungsfeld zwischen langfristigen Visionen und den täglichen operationellen Herausforderungen in der Beschaffung zu bewegen. Er suchte stabile Beziehungen zu den wichtigen Lieferanten und passte mit ihnen jeweils die Konzepte an, um den ständig neuen Anforderungen zu genügen. So bewahrte sich René eine Agilität in schwankenden Märkten. Vor allem hatte er gelernt, die Probleme nicht mit Macht zu lösen. Wer kein Herkules ist, sollte sich an Odysseus halten. Nur schon von den Kakaolieferanten und besagter Stiftung in Ghana in das aufwendige Programm für rückverfolgbaren Kakao aufgenommen zu werden, war sein Verhandlungserfolg, denn wir verwendeten nur rund die Hälfte der Menge, die der Anbieter sich als Minimum vorgestellt hatte.

Nun sassen wir also gemeinsam im Flugzeug mit Kurs nach Ghana und ich war höchst zufrieden mit Gott und der Welt beim Gedanken, dass ich nun nach dem ganzen Theater mit der Verbandsreise endlich «unsere» Bauern vor Ort besuchen würde.

Eine verrückte Idee

Mitten in diese Ruhe platzierte René völlig unaufgeregt, wie wenn es um die nebensächlichste Sache der Welt gegangen wäre, eine ziemlich fundamentale Idee: Zunächst stellte er noch harmlos fest, dass für uns seit der Erfindung von Ragusa eigentlich nicht der Kakao, sondern die Haselnüsse der strategische Rohstoff seien. Ich stimmte ihm zu, ohne zu wissen, worauf René letztlich hinauswollte. Doch mir schwante, dass da noch etwas kommen würde, denn René hatte nicht die Angewohnheit, Analysen ohne Schlussfolgerungen von sich zu geben. «Du meinst, wir sollten uns demnächst die Haselnussplantagen in der Türkei ansehen?», versuchte ich seinen Gedanken vorwegzunehmen. «Ich denke, wir sollten unsere eigenen Haselnüsse anpflanzen», erwiderte er mir kurz und bündig. «Bist du verrückt, René?», rief ich und fiel aus allen Wolken. In meinen brüsken Worten kam zum Ausdruck, dass ich selbst bisher nicht einen Moment daran gedacht hatte, eigene Rohstoffe anzubauen. Das lag völlig ausserhalb meiner Vorstellungen. René schienen meine unmissverständlichen Worte nicht aus der Fassung zu bringen. Nach einigen Sekunden, die ausreichten, um meine Reaktion sacken zu lassen, begründete er ganz ruhig und klar seine Vision: Die Haselnusspreise seien derartigen Preisschwankungen ausgesetzt, dass wir, um uns davor zu schützen, eben eigene Nüsse produzieren sollten.

Irgendetwas in mir sagte mir: «Lass dich auf diese Diskussion gar nicht erst ein, denn du bist nicht darauf vorbereitet, und wenn du jetzt Position beziehst, nimmst du dir möglicherweise die Freiheit, in Zukunft nach deinen Vorstellungen zu handeln.» Und doch musste ich in dem Augenblick etwas sagen, und so nahm ich, wie ich das in solchen Situationen häufig tue, eine leicht humoristische Sichtweise ein: «Jetzt hör mal, nun hat es ganze drei Generationen gedauert, um aus uns Bauern Industrielle zu machen, und jetzt willst du wieder Bauer werden?» René fand meine Bemerkung lustig und schien überhaupt nicht beleidigt zu sein. Er war zufrieden, mir seine «verrückte» Idee vorgebracht zu haben, und hatte nicht erwartet, dass ich darauf einsteigen würde. Für ihn war die Sache damit erledigt. Für mich hingegen nicht. Es lag in ihr etwas, das gegen den Strom der Zeit lief, und das faszinierte mich.

Die Kraft der Marke

In einer Gesellschaft des Überflusses tendieren die Produkte dazu, sich anzugleichen, und es erstaunt daher nicht, dass es im Wettbewerb immer mehr darum geht, sie durch rein äusserliche Merkmale voneinander zu unterscheiden: Das Image ist das eigentliche Qualitätsmerkmal, nicht der Inhalt. Ich weiss nicht, ob das eine gute Entwicklung ist, jedenfalls war das nicht immer so. Die meisten Erfolgsgeschichten von

Firmen beginnen mit einem Pionier, der mit einer echten Innovation den Nerv der Zeit trifft. Nach der Markteinführung muss er zunächst die Nachfrage befriedigen, und dies führt ihn in die nächste Entwicklungsstufe: die der industriellen Herstellung. Mit steigenden Mengen müssen recht bald neue Käufer gefunden werden. Gleichzeitig wird auch die Konkurrenz auf das aufstrebende Geschäft aufmerksam. Das wiederum bedeutet, dass das Produkt eine Marke braucht. Die Marke kennzeichnet das Produkt, schützt es vor Kopien und vor allem ersetzt das Markenzeichen in der industrialisierten Produktion den persönlichen Kontakt zwischen dem Hersteller und dem Endkunden.

Die Marke übernimmt also die Garantenstellung, die am Anfang der Hersteller persönlich innehatte – dies ist ein riesiger Sprung im Vermarktungspotenzial einer Ware. Denn wenn das Geschäft nicht mehr an die persönliche Präsenz eines Verkäufers gebunden ist, eröffnet dies einer erfolgreichen Marke neue Dimensionen für die Reichweite und den Umsatz des Produkts. Es gibt Marken, die mit der Zeit so aufgeladen werden, dass sie nicht mehr nur eine Ware kennzeichnen und für deren Qualität bürgen, sondern darüber hinaus ihrem Besitzer Prestige verleihen. Aus einem materiellen Produkt ist ein Imageträger geworden. In diese glamouröse Liga fallen die Luxuslabels, aber auch alltägliche Marken wie Apple. Bei Schokolademarken und anderen Konsumartikeln spielt das Image ebenfalls eine grosse Rolle, aber mehr in dem Sinn, dass es dem Produkt eine besondere Kraft verleiht, die über die rein materiellen Eigenschaften hinausgeht. Die Kraft der Marke besteht im Wesentlichen darin, ein Produkt bekannt zu machen, bestimmte Qualitäten und Werte damit zu verbinden und schliesslich Konsumenten an diese Marke zu binden. Welches der drei Elemente das Wichtigste ist, darüber streiten die Gelehrten. Einig sind sie sich jedoch darüber, dass eine starke Marke als entscheidender Treiber für den Erfolg das wichtigste Kapital einer Firma darstellt. Produkte erfüllen Bedürfnisse, Marken erfüllen Träume.

Marketing wird Chefsache

Das Image der Marke kann sich dabei durchaus von den Realitäten lösen. So glauben manche, Milka sei eine Schweizer Schokolade, weil sie die berühmte lila Kuh mit der Schweiz verbinden. Viele Firmen nutzen den Imageeffekt ihrer Marken derart aus, dass sie die Markenprodukte gar nicht mehr selbst produzieren, sondern durch einen Dritten herstellen lassen. Dadurch können sie die Produktevielfalt der Marke ausweiten, ohne den entsprechenden Produktionsapparat aufbauen zu müssen. Entscheidend bei diesem Wachstumsmodell sind die Rechte an den Marken und die Vermarktungskompetenzen. Da es zunehmend auf die clevere Vermarktung ankommt, geben auch immer stärker die Leute in den Marketingabteilungen den Ton an. Am pointiertesten hat es in den Achtzigerjahren der ehemalige Nestlé-Übervater Helmut Maucher auf den Punkt gebracht: *Marketing ist Chefsache.*

Durch das Auslagern der Produktion verlängern sich allerdings die Entscheidwege und Lieferketten. Allmählich erreichen diese Organisationsformen nach einer Wachstumskurve ihren Zenit, sie werden grösser, schwerfälliger und defensiver: Bis Produkteinnovationen das Rennen durch all die firmeneigenen Instanzen genommen haben und alle Compliance-Abteilungen ihren Segen gegeben haben, ist schon längst ein Schnellerer mit höherer Risikobereitschaft auf dem Markt. Der nächste grosse Schritt besteht für solche Konzerne nicht mehr darin, die eigenen Marken weiter auszubauen, sondern in junge, vielversprechende Firmen zu investieren. Man will dadurch die führende Stellung bewahren und den Anschluss auf keinen Fall verpassen.

Nachdem ein Betrieb zunächst organisch wächst, das heisst durch eigene Innovationskraft, kommt der Punkt, wo die Wachstumsgeschichte praktisch nur noch dank Übernahmen oder Beteiligungen an anderen Firmen weitergeschrieben werden kann. Dazu passend haben die marktführenden Konzerne in den letzten Jahrzehnten so viel Geld verdient, dass sie zur Finanzierung ihrer Projekte gar keine Banken mehr brauchen, sondern quasi ihre eigenen

Investitionsabteilungen geschaffen haben, die das eigene Geld und den erwirtschafteten Gewinn intern anlegen. Und so landeten immer mehr Finanzleute in der Realwirtschaft. Es ist deshalb kein Zufall, dass einige CEOs von grossen Konsumgüterherstellern einen Finanzhintergrund haben.

Gegen diese kapitalistische Logik des Wachstums ist per se nichts einzuwenden, wenn man davon absieht, dass der Wille nach Mehr nicht unbedingt einer unternehmerischen Vision entspringt, sondern der Angst, von anderen Verfolgern übertroffen zu werden. Aus der unternehmerischen Freiheit der Anfänge ist ein Zwang geworden, die Position zu halten. Dieses Gefühl hatte ich zumindest, als ich einmal in Vevey das Museum *Nest* besuchte, das die bewegte Geschichte der Firma *Nestlé* in Szene setzte: Alles begann mit der Erfindung des Milchpulvers, das damals vielen Säuglingen das Leben rettete und daher unglaublich sinnvoll war. Die Kompetenz, aus einer Flüssigkeit Pulver herzustellen, konnte *Nestlé* später für andere Lebensmittel wie Kaffee, Tee oder Kakao äusserst erfolgreich einsetzen, und so nahm die internationale Entwicklung der Firma ihren Lauf. Nach und nach entstand der grösste Nahrungsmittelkonzern der Welt. Am Ende der historischen Ausstellung erfuhr der Besucher, dass sich *Nestlé* vom Image eines Lebensmittelherstellers lösen und sich als Anbieter von *Life Science* positionieren wolle. Schliesslich durfte ich mir eine Brille aufsetzen und eine Zeitreise in eine virtuelle Zukunft antreten. Auf dieser

Reise durch die Mission der Firma hatte mich Nestlé längst verloren. Offenbar nicht nur mich: Die Ausstellung musste kurz nach Eröffnung wieder geschlossen werden.

Alles, was zählt

Entgegen dem Zeitgeist, den Glanz von traditionellen Marken auf ein immer breiteres Sortiment scheinen zu lassen und die Produkte nicht mehr unbedingt selbst herzustellen, ist die eigene Manufaktur von Camille Bloch zu einem wesentlichen Teil unserer Kultur geworden. Auf der einen Seite fühlen wir uns durch diesen Fokus auf die *Craftmenship*, das *artisanat,* mit unserer Geschichte verbunden. Auf der anderen Seite verleiht es unserer Schokolade einen besonderen Wert im Sinne von Einmaligkeit, Echtheit und Identifikation.

Arsène Wenger, der ebenso langjährige wie legendäre Coach des Londoner Fussballclubs Arsenal, hat diesen Gedanken einst so in Worte gefasst: «What makes a club survive in the long term is not always the top of the tree but its roots. It is these roots that we need to extend and make sure that they grow and penetrate into the community. It may be not the most glamorous part, but in my opinion it is the most important part.» Und diese Arbeit an der Wurzel beinhaltet nicht nur den grossen Schöpfungsmoment, das Image und die Präsentation der Schokolade, sondern auch die unsichtbare Arbeit, all die kleinen Akte des Kümmerns, Pflegens und Bewahrens in der ganzen Wertschöpfungskette.

Für unsere Handlungsfähigkeit war es immer entscheidend gewesen, nicht nur das Markenimage aufblühen zu lassen, sondern auch die Produktion in der eigenen Hand zu behalten, das heisst, den gesamten Verarbeitungsprozess vom Rösten der Rohstoffe über die ganze Verarbeitung der Schokoladen bis zur Logistik und die Vermarktung an einem Standort in Courtelary stattfinden zu lassen. Diese Integration hat durchaus auch praktische Vorteile. Sie erlaubt uns, die komplette Qualität viel einfacher zu kontrollieren und durch die Zusammenführung aller Fachkräfte vor Ort schneller auf Probleme und Veränderungen reagieren zu können. Nach aussen hin verleiht sie uns Glaubwürdigkeit, da man für alles, was man selbst macht, immer mehr Verantwortung übernehmen kann als für das, was man an andere auslagert.

Dazu verschafft uns diese Fertigungstiefe etwas sehr Befriedigendes und Beruhigendes: Indem wir selbst produzieren, identifizieren wir uns mit dem, was wir machen, und bleiben in der Position des souveränen, selbstbestimmten Akteurs. Die eigene Produktion, welche sich in den Anfängen für Camille Bloch von selbst ergeben hatte, erkannten wir immer mehr als einen entscheidenden Unternehmenswert.

Denn hier treffen das Handwerk und der verantwortungsvolle Ressourcenumgang zusammen. Die Idee, auch noch die Haselnüsse selbst anzubauen, wäre so gesehen ein weiterer Schritt auf diesem Weg. Von den neuen Kompetenzen und Risiken her würde dieser Schritt für die Firma allerdings einem gewaltigen Sprung gleichkommen. Das Image unserer Produkte würde wie bei den grossen Weinen unweigerlich mit dem Terroir, aus dem die Früchte kommen, verbunden sein. Dass der definierte Boden die Erträge auch limitiert, ist für den Weinliebhaber allemal ein Qualitätsmerkmal.

Immer grösser, immer besser?

In der globalen, sich schnell drehenden Konsumgüterbranche hingegen herrschen gemeinhin andere ökonomische Gesetze: Da gilt es, mit Megabrands ein Millionenpublikum anzusprechen und mit grossen verfügbaren Marketingbudgets dafür zu sorgen, dass die Marke sowohl den teuren Platz im Regal wie vor allem die kritische Aufmerksamkeit im Kopf des Konsumenten besetzt. Der Kaufwillige, der im Supermarkt von Produkten bombardiert wird, wird sich normalerweise für die Marke entscheiden, die er sieht und die er kennt. Eine Begrenzung der Mengen ist in dieser Welt nicht vorgesehen. Im Gegenteil, die Devise bei den ganz Grossen lautet: Die Nummer eins gewinnt, die Nummer zwei überlebt, der Rest verschwindet.

Das Zauberwort dahinter lautet *economies of scale*. Daran verdient auch der Handel sehr gut mit, da er mit den sich schnell drehenden Marken gutes Geld verdient. Somit hat niemand ein Interesse, daran etwas zu ändern. Könnten sich diese Kräfteverhältnisse doch einmal ändern? Wäre es nicht vorstellbar, dass für Konsumgüter das scheinbar unumstössliche Gesetz *je grösser, desto besser* einmal umgestossen werden könnte? Dass in einer Welt mit begrenzten Ressourcen plötzlich andere Kriterien als Mengenwachstum an Bedeutung gewinnen? Könnte es sein, dass der Käufer von Schokolade sich auch mehr für das nicht unendlich Verfügbare an der Schokolade interessiert, weil er sie nicht mehr nur gedankenlos konsumieren, sondern bewusst geniessen will? Wäre sogar eine Entwicklung wie beim Wein denkbar, wo die berühmtesten Weingüter jährlich eben nur eine limitierte Anzahl Flaschen auf den Markt bringen und diese daher umso gefragter sind? Könnte es eines Tages sinnvoll sein, die Menge von Ragusa und Torino auf die Ernte der eigenen Nüsse zu begrenzen, statt den Umsatz immer weiter steigern zu wollen und mit Preisaktionen anzukurbeln? Lag darin auch eine mögliche Antwort auf die tiefe postmoderne Krise, die entstanden war, weil wir uns von unseren Pflichten gegenüber der Erde und ihren Bewohnern entfernt haben, indem wir der Erde die Früchte entreissen, statt geduldig auf die natürliche Ernte zu warten? Befand ich mich schon in Gesellschaft mit Bernhard Bollag mit seiner Skepsis gegenüber der Moderne?

Dieser Gedanke der begrenzten Mengen ging mir durch den Kopf. Ich fand ihn sehr reizvoll, schon nur, weil er eine Alternative zur gegebenen Logik darstellte, die auf Steigerung beruhte. René hatte das Ganze damals im Flug nach Ghana gar nicht so radikal gemeint. Er wollte sich in erster Linie gegen die Preisschwankungen der Haselnüsse absichern und nicht zwingend auf selbst produzierte Nüsse setzen. Von ihm aus hätte man die eigenen Nüsse auch zu Marktpreisen verkaufen und für die eigene Produktion andere Sorten einkaufen können. In mir hatte seine Idee aber etwas anderes ausgelöst. Oder wie es beim grossen Dramatiker Friedrich Dürrenmatt in «Die Physiker» heisst: «Was einmal gedacht wurde, kann nicht mehr zurückgenommen werden.»

Wintergruss mit Folgen

Etwa drei Jahre nach unserer Reise nach Ghana – die Diskussion über eigene Haselnüsse war längst vergessen – erreichte mich kurz vor Ostern eine E-Mail von René mit dem Bild einer Winterlandschaft. Bei genauerem Hinsehen erkannte ich, dass er mir nicht einfach einen Wintergruss aus den Ferien geschickt hatte, sondern das Bild eines dramatischen Wintereinbruchs in Akçakoca am Schwarzen Meer, wo ein grosser Teil unserer Haselnüsse herkommt, und dies mitten in der Blütezeit der Bäume. Die Folge: Ein Drittel der Welternte war über Nacht durch Frost vernichtet worden. Dazu muss man wissen, dass gut zwei Drittel der weltweiten Haselnuss-Ernte aus der Türkei stammt, davon etwa die Hälfte von der Schwarzmeerküste. Wenn es also in dieser Gegend während der Blütezeit der Haselnussbäume ausnahmsweise gefriert, dann kann das für die gesamte Welternte dramatische Konsequenzen haben.

Und tatsächlich begannen schon wenige Tage nach diesen Wetterkapriolen, noch lange bevor sich die genauen Auswirkungen des Schadens beziffern liessen, die Preise für Haselnüsse in die Höhe zu klettern. Der Preis verliess seine normale Bandbreite von zwischen fünf und acht Franken pro Kilo, und als er sogar die Marke von zehn Franken knackte und alle in der Branche, die Haselnüsse verwenden – von den Biscuit-Herstellern, den Produzenten von Brotaufstrich bis zu den Chocolatiers – ratlos wurden, da war die Zeit reif für Renés Idee der eigenen Haselnüsse.

Ein Gedanke lebt wieder auf

Es war im Sommer 2015: In Courtelary hatten wir bereits unser grosses Bauprojekt, das unter anderem auch ganz neue Büroräumlichkeiten vorsah, in Angriff genommen und unsere Büros provisorisch in gemietete Neuwohnungen in der Nähe der Fabrik verlegt. Auch diese Idee war übrigens auf Renés Mist gewachsen. Sie ersparte uns während der zweijährigen Bauzeit das triste Büroleben in Containern. Ich suchte René in seiner «Wohnung» auf. Die Preise für Haselnüsse lagen mittlerweile auf dem Rekordhoch von fünfzehn Franken.

Seit unserem Gespräch im Flugzeug waren gut drei Jahre vergangen. Ohne grosse Umschweife fragte ich ihn: «Wo stehen wir eigentlich mit den eigenen Haselnüssen?» René liess sich trotz der langen Funkstille in der Sache keine Überraschung anmerken und nahm den Ball sofort auf. Schon wenige Tage später erhielt ich einige Klimadiagramme von Frankreich, Italien und Spanien, alle drei Anbauländer, die in Frage kommen könnten. Jean Kernen, der auch Renés Vorgesetzter war, schien sich ebenfalls brennend für die Sache zu interessieren. Er verlangte meine Autoschlüssel, um mögliche Gebiete in Südwestfrankreich abzuklappern. Gerne gab ich ihm die Schlüssel, auch, weil es gar nicht meine Autoschlüssel waren. Es waren die Schlüssel des Direktionsautos, das ich zwar häufig benutzte, das theoretisch aber für alle zur Verfügung stand.

Mein Grossvater und mein Vater hatten noch einen Chauffeur, der den Wagen fuhr. Der Chauffeur wurde mir bald gestrichen, doch immerhin durfte ich den Wagen benutzen. In einem Familienunternehmen nimmt die Autorität mit jeder Generation etwas ab, und in den besten Fällen betrifft dies auch die Privilegien. Aber in dem Moment beschäftigten mich diese Fragen überhaupt nicht. Ich spürte, dass ein weiteres Abenteuer im Anzug war und freute mich darüber.

Die Ausbeute der Reise von Jean und René ins Périgord war nicht gerade ergiebig: Die Ländereien, die sie besucht hatten, brachten zwar wirklich ausgezeichnete Haselnüsse hervor. Doch der Preis für das Land war horrend und mit vielen unrealistischen Auflagen verbunden, beispielsweise für den Unterhalt des zugehörigen Schlosses zu sorgen.

Ein neuer Ansatz aus der Schweiz

Es scheint bei Camille Bloch – und vermutlich allgemein – ein Phänomen zu sein, dass die Lösung von selbst auf dich zukommt, wenn du im Geist ein Ziel präsent hast. Zwar vielleicht nicht in der Gestalt der Lösung selbst, jedoch in Form eines plötzlichen Ereignisses, das dich unweigerlich dorthin führt. So besuchte René im Jahr 2016 ein Seminar in Zürich über nachhaltigen Kakao. Dort wurde ihm von einem Forschungsinstitut für biologische Landwirtschaft ein Aufforstungsprojekt für Kakaobäume in Afrika präsentiert. René wurde gefragt, ob sich seine Firma an einem solchen Projekt beteiligen würde. Er zeigte sich daran nicht interessiert, fragte aber, ob es ähnliche Projekte im Haselnuss-Anbau gebe. Daraufhin stellte der Kakaoexperte René seinen

Kollegen Eric Meili vor. Dieser wiederum brachte ihn mit Andreas Gauch in Kontakt.

Andreas Gauch sollte sich als diejenige Person erweisen, die unserer Vision die entscheidenden agronomischen Impulse verlieh. Er hatte in Niederwil im Kanton Aargau einen konventionellen Bauernhof übernommen und ihn zunächst komplett auf biologische Tierhaltung umgestellt. Sein Projekt, aus der Milch auch biologischen Käse herzustellen und anzubieten, war dann allerdings nicht im Interesse der ansässigen etablierten Abnehmer, und so musste er seinen Traumberuf als biologischer Käser an den Nagel hängen. Stattdessen begann er mit der ihm eigenen unternehmerischen Passion an der Veredelung von Haselnussbäumen zu tüfteln.

Wie andere Pioniere in Amerika und in Italien begann er, zwei verschiedene Haselnuss-Sorten zu verbinden: Dabei sollten hochwertige Sorten auf einen robusten, aber nicht unbedingt produktiven Haselstamm aufgepfropft werden. Mit dieser Methode, die auch bei Rebstöcken und Obstkulturen angewendet wird, entstehen hochstämmige Haselnussbäume, die gegenüber den konventionellen Sträuchern den Vorteil haben, dass die Kraft des Baumes von der Wurzel direkt in die Früchte geht und nicht in die Entwicklung von Gestrüpp. Dadurch lassen sich sowohl der Wasserverbrauch wie auch der Einsatz von Chemikalien gegen die

Verholzung signifikant senken. Vor allem aber kann man die herabfallenden Nüsse mit Netzen auffangen und muss sie nicht wie bei den Sträuchern vom Boden aufsaugen. So können Nüsse in den Netzen viel rationaler geerntet werden. Kurzum – wenn die spezielle Methode von Gauch funktionierte, würde sie nachhaltige Vorteile gegenüber der klassischen Methode aufweisen. Und damals, im Jahr 2016, funktionierte seine Methode zumindest auf einer Pilotfläche von ungefähr einem Hektar in Niederwil.

Annäherung an Georgien

Ungefähr zur selben Zeit kontaktierte mich der Botschafter Georgiens in der Schweiz. Die Botschaft und ihr sehr umtriebiger Wirtschaftsattaché Ilia Marjanidze warben aktiv bei potenziellen Abnehmern in der Schweiz für Haselnüsse aus Georgien. Georgien ist ein traditionelles Haselnuss-Land. Es kommt in der Statistik an vierter oder fünfter Stelle mit einem Anteil von unter fünf Prozent der Welternte, weit abgeschlagen hinter der Nummer eins – der Türkei – mit fast siebzig Prozent, und der Nummer zwei – Italien – mit knapp zwanzig Prozent. Alle anderen Hersteller, die wie Georgien auf demselben Breitengrad liegen, kommen unter «ferner liefen». Ilia Marjanidze wollte an der Situation rütteln, und da wir ja einen Plan hatten, nahmen wir die Einladung zu einem Mittagessen mit dem Botschafter und dem

Wirtschaftsattaché ins Restaurant Casino in Bern dankend an. Während des Mittagessens, zu dem mich René Meier begleitete, kamen wir ohne Umschweife zum Punkt: Wir seien nicht nur daran interessiert, Haselnüsse aus Georgien zu beziehen, sondern wenn schon diese in Georgien selbst anzupflanzen. Der Botschafter war sprachlos, dafür reagierte sein gewiefter Attaché umso begeisterter. Von diesem Moment an fokussierte sich das Haselnuss-Projekt auf Georgien und erhielt von René den Namen *Tkhilis*, was auf Georgisch Haselnuss heisst.

Ein volles Jahr verging, bis das Konzept so weit gediehen war, dass eine erste Explorationsreise nach Georgien stattfinden konnte. Die Reisegruppe bestand aus René Meier, Eric Meili, Andreas Gauch und Ilia Marjanidze. Im Gepäck hatten sie den Businessplan mit den ganzen Abläufen von der Baumschule bis zur Anpflanzung in Georgien, den Mengen, die wir anpflanzen wollten, einem Schulungsprogramm für die Anwendung der Gauch-Methode in Georgien und einigen finanziellen Kennzahlen. Jeder in der Gruppe hatte andere Prioritäten und entsprechend ergebnislos verlief die Reise. Eine weitere Reise erfolgte sechs Monate später, im Jahr 2018. Diesmal nahmen nur René, Andreas und Ilia teil. Die drei besuchten etwa ein Dutzend Ländereien in allen Landesteilen. Der Empfang fiel unterschiedlich aus, sie erlebten alles: von sehr positiv eingestellten Bürgermeistern bis zu wütenden Bauern mit Mistgabeln, die befürchteten, dass ihnen das Weideland für ihre Kühe entzogen würde. René erzählte mir von unpassierbaren Gegenden, völlig vergandeten, von Wald überwucherten Gebieten, die seit der Sowjetzeit nicht mehr kultiviert worden waren. Stellenweise war das Land überschwemmt oder es war zu trocken, zu steil oder sonst für den Anbau von Haselnüssen ungeeignet.

Und so geschah das, was immer geschieht, wenn die Zeit voranschreitet, ohne dass Lösungen gefunden werden: Es kamen immer mehr Fragen auf. Fragen zur juristischen Struktur der Firma, zu den Eigentumsverhältnissen, zur Anbaumethode, zu den Wasservorkommen, zur Schulung der Leute, zur Anzahl Parzellen, zu den politischen Risiken und – allen voran – zur Organisation vor Ort. Ende 2018 musste ich feststellen, dass der anfängliche Elan in der Komplexität zu ersticken drohte. Wir drehten uns im Kreis.

Neuer Fokus

Um wieder Bewegung in die Sache zu bringen, griff ich intuitiv zu einer Massnahme, die ich später in einem Strategiebuch von Lawrence Freedman als *OODA-Strategie* beschrieben fand: *Observation, orientation, decision, action*. Dabei geht es im Kern darum, alle verfügbaren Ressourcen in einem gewissen Moment auf die Erreichung eines einzigen kritischen Ziels zu fokussieren, und das musste jetzt lauten: Wir suchen Land. Alle anderen Fragen werden aufgeschoben. Da die bisherige Suche danach mit Beteiligung des georgischen Attachés nicht eben verheissungsvoll verlaufen war, kontaktierte ich Hansruedi Keller, den ich schon seit Kindertagen kenne und der mir viel später am INSEAD wieder begegnete. Wir hatten uns im Winter 2017 getroffen, nachdem er mich von sich aus auf ein zu kaufendes Objekt in Georgien aufmerksam gemacht hatte. Dabei war es um die Übernahme eines schon bestehenden Haselnuss-Betriebs gegangen. Am Erwerb dieses Geschäfts waren wir damals nicht interessiert, doch vielleicht konnte er uns mit dem georgischen Partner, der für diese Firma einen Käufer suchte, in Verbindung bringen. Auf diesem Weg lernten wir zuerst Herrn Löffel kennen, den in seinem Netzwerk zuständigen Mittelsmann zwischen der Schweiz und Georgien. Schliesslich gelangten wir durch dessen Vermittlung an die georgische Finanzfirma AGH.

Ende Januar 2019 trafen René und ich Herrn Löffel und den Managing Director von AGH in einem Sitzungszimmer des Flughafengeländes Frankfurt. Aieti Kukava erinnerte mich an einen Typen aus einer Netflix-Serie: jung, selbstbewusst, smart und für sein Alter in Georgien unglaublich gut vernetzt. Als wir ihm unser Anliegen schilderten, geeignetes Land für unsere Haselnüsse erwerben zu wollen – immerhin im Umfang von einigen Hundert Hektaren –, schien ihn das nicht im Geringsten aus der Fassung zu bringen. Im Gegenteil: Er versicherte uns, dank seiner erstklassigen

Verbindungen ein solches Stück Land für uns finden zu können. Seinen vollmundigen Versprechen folgten tatsächlich bald ein Dutzend konkrete Angebote, darunter einige zerstückelte Parzellen, aber auch zwei Angebote, die genau der gewünschten Fläche am Stück entsprachen!

Nun galt es ernst: Im Mai 2019 begaben sich René und unser damaliger Finanzchef Stefano Ponta nach Georgien, um die von Aieti gefundenen Möglichkeiten zu prüfen. René hatte den Tipp des Praktikers Andreas Gauch im Ohr: Wenn ein Land schon bestellt ist und darauf etwas wächst, dann werden sicher auch Haselnüsse darauf wachsen. Und eines der beiden Angebote war ein solches Stück Land: angebaut mit sechshundertfünfzig Hektaren Gerste ganz im Osten des Landes, an der Grenze zu Aserbaidschan.

Nachdem nun ein vielversprechendes Angebot auf dem Tisch lag, drängte plötzlich die Zeit. Der Verkäufer des Landes, ein georgischer Investor aus dem IT-Sektor, hatte mehrere Interessenten an der Angel, zumindest behauptete er das und liess uns nur wenige Wochen Zeit, um den Deal abzuschliessen. Wir mussten natürlich unsere Sorgfaltspflichten wahrnehmen, Bodenproben entnehmen, Informationen über den Verkäufer einholen, Auszüge aus dem Grundbuch beschaffen usw. Für mich war klar, dass ich nie Land kaufen würde, ohne es vorher physisch gesehen zu haben, auch wenn ich von Landwirtschaft nun wirklich nichts verstehe.

Und so plante ich etwas überstürzt meine erste Reise nach Georgien. Sie sollte vom 24. bis zum 29. Juni 2019 stattfinden. Der Verkäufer wollte bis spätestens Anfang Juli das Geld sehen, ansonsten der Deal platzen würde.

Georgisch für Anfänger

Vor meiner Abreise organisierte ich noch einen auf unser Projekt massgeschneiderten Crashkurs mit Günther Bächler, dem ehemaligen Schweizer Botschafter in Georgien zum Thema *How to do business in Georgia*. Neben René, Jean und mir nahm auch Jessica Herschkowitz, unsere Verantwortliche für Unternehmenskommunikation, daran teil. Die Essenz dieses eintägigen Kurses, die uns Botschafter Bächler mit auf den Weg gab, war, uns zu benehmen: bescheidener Auftritt, ohne Tamtam wie Bodyguards, hübsche Begleiterinnen und prunkvolle Autos. So würden wir auch wirklich als seriöse Schweizer rüberkommen und nicht wie kasachische Oligarchen. Das ergab für mich alles Sinn und ich fühlte mich bereit, mit René die Reise anzutreten.

Der Flug startete frühmorgens mit Umsteigen in Istanbul und Ankunft etwa um drei Uhr nachmittags in Tbilissi. In der Ankunftszone im Flughafen stand eine ganze Schar von Empfangspersonen, alle ein Schild in den Händen haltend mit dem Namen des Fluggasts, den sie erwarteten. Sofort fiel mir eine unverschämt gutaussehende, grossgewachsene, elegant gekleidete Dame auf, die aus der Menge herausstach. Auf ihrem Namensschild stand *Mr. Daniel Bloch*. Als sie uns zu ihrem Auto, einem Hummer, begleitete, fühlte ich mich eher wie James Bond als wie der bescheidene Schweizer, den uns der gute Botschafter ans Herz gelegt hatte. Ich kam mit dem Gefühl aber ganz gut zurecht und amüsierte mich sogar darüber, dass sich die Realität wieder einmal nicht an den Plan gehalten hatte. Die junge Frau, die uns Aieti geschickt hatte, hiess Marita. Sie sprach sehr gut Englisch und war, wie sich später herausstellte, diejenige, die für uns das Stück Land gefunden hatte. Es lag in der Gegend, aus dem auch ihre Familie stammte, und es war für sie eine grosse Freude, uns diese fruchtbare, weitläufige Region in den folgenden Tagen unseres Aufenthaltes näherzubringen.

Neuland

Das Land, das unser Land werden sollte, lag etwa zwei Autostunden östlich der Hauptstadt Tbilissi, nahe der Grenze zu Aserbaidschan. Auf der Fahrt dorthin hielten wir in Sighnaghi, einem bekannten Touristenort auf einer Anhöhe. Von diesem hübschen Ort aus konnten wir auf die vor uns liegende Ebene von Kachetien bis nach Aserbaidschan hinunterschauen. Im Dunst dieser Prärie lag irgendwo die besagte Parzelle. Ich war ziemlich aufgewühlt und wusste nicht, ob ich mich fühlen sollte wie Noah, der ein Schiff baute, obwohl kein Regen in Sicht war, oder wie der Mafioso Bugsy Siegel, der Las Vegas mitten in der Wüste von Nevada gründete.

Jedenfalls lag für mich etwas Verheissungsvolles in der Luft, ein Augenblick, der die Identität der Firma verändern konnte. Dies, obwohl wir das Land noch nicht einmal gekauft hatten. Etwas später, als wir tatsächlich auf dem Stück Land standen, war ich noch mehr überwältigt und stellte mir vor, wie diese brachliegenden Wiesen eines Tages in blühende Haselnuss-Landschaften verwandelt würden. Trotz meiner Stimmung war mir klar, dass wir für unser Business noch keineswegs die Zauberformel gefunden hatten, sondern dass wir im Gegenteil eine Gleichung mit vielen Unbekannten zu lösen hatten. Zum Glück mussten wir diese nicht wie seinerzeit in der Mathematikstunde innerhalb einer Lektion lösen.

Es war für mich in dem Moment beruhigend, mir zu vergegenwärtigen, dass wir zunächst einmal nur Land suchten und darauf vertrauten, die anderen Variablen später lösen zu können. Es wäre für uns nicht realistisch gewesen, alle wichtigen Entscheide sofort zu treffen und uns ohne viel Bedenkzeit auf so eine Geschichte einzulassen. Die Natur lässt einem aber Zeit, Erfahrungen zu machen und daraus zu lernen. Das sollte im ganzen Projekt eine entscheidende Rolle spielen. Nachhaltig ist nicht nur etwas, das langfristig Sinn macht, sondern auch eine Vision, die dir die Möglichkeit gibt, deine Entscheidungen im Lauf der Zeit immer wieder an die Verhältnisse anzupassen. Masterpläne, bei denen alles gleichzeitig auf dem Spiel steht, sind selten nachhaltig.

Bei allen Entscheidungen gibt es Elemente, die nicht mehr verändert werden können und von Anfang an gegeben sein müssen. Ein solches Element war das Land. Wir kannten jetzt die Dimension und es entsprach in jeder Beziehung unseren Idealvorstellungen. Und dennoch stellte ich fest, wie schwer es uns fiel, diesen Schritt zu machen, den *point of no return* zu überschreiten. Die Zuversicht und die Bedenken drängten sich nach unserer Rückkehr aus Georgien Ende Juni 2019 abwechslungsweise in den Vordergrund. Es blieben uns nur noch wenige Tage Bedenkzeit. Marita meldete sich bei René. Sie könne den Verkäufer nicht mehr länger hinhalten. Viele Fragen waren offen. Die letzten Analysen der Landproben standen aus. Würden wir als Ausländer jemals das Land zu Eigentum erwerben können? Und vor allem, wie sollte die Organisation für den Anbau und den Betrieb aussehen? Manchmal braucht es, damit es vorwärtsgeht, den sprichwörtlichen Tropfen, der das Fass zum Überlaufen bringt. Und dieser Tropfen kam von René. Er stand kurz vor der Abreise mit seiner Frau zu einem Trekking durch Georgien zu seinem fünfundzwanzigsten Hochzeitstag. Er wusste, dass der Entscheid bald fallen musste, und da er die Felle langsam davonschwimmen sah, bot er spontan und überraschend an, sich mit einer Summe von zwanzigtausend Franken am Kauf des Landes zu beteiligen. Jean antwortete, darauf würde er keine zwanzig Franken setzen. Stefano schwieg. Bei mir hatte Renés Vorwärtsstrategie ihre Wirkung indessen nicht verfehlt: sie gab den Ausschlag für den definitiven Entscheid: «On y va!»

Die Organisation vor Ort

Mein Vater pflegte zu sagen, dass der erste Schritt in die Eigernordwand der schwierigste sei und die anderen wie von selbst folgen würden. Der erste Schritt in Sachen Haselnuss-Anbau war nun zwar getan, doch die Folgeschritte erwiesen sich nicht gerade als einfach. Wir mussten eine Gesellschaft gründen, die das Land erwerben konnte, und eine georgische Vertrauensperson als Besitzerin dieser Gesellschaft finden, denn als Schweizer war es nicht möglich, Land in Georgien zu erwerben. Die einzige Person, die uns in den Sinn kam, war Nana Janashia, die Ehefrau von Laurent Nicole, einem weltgewandten Ingenieur, der uns in Courtelary in Fragen der Arbeitssicherheit beriet und der aus dem St.-Immer-Tal nach Tbilissi ausgewandert war. Ich hatte Laurent Nicole schon in der Schweiz als selbstbewussten Berater kennengelernt. Er hatte mich und René während unserer Reise bei sich in Tbilissi empfangen und sehr angeregt über das Land, die Kunst und seine eigenen Pläne gesprochen. Am Rand kam auch seine Frau Nana vor, die eine eigene Beratungsfirma führte und die wir aber persönlich nie getroffen hatten. Daher ging meine Anfrage an Laurent Nicole. Etwas direkt, doch mit einem Augenzwinkern, fragte ich ihn am Telefon als Erstes, wie gut er sich mit seiner Frau verstehe. «Ganz ausgezeichnet», antwortete er mir amüsiert. Und als ich ihm die Hintergründe meiner Anfrage erklärte, erhielten wir nur wenige Augenblicke später die mündliche Bestätigung von Nana, dass sie bereit sei, sich für diese Sache zur Verfügung zu stellen. Und so wurde Nana Janashia «unsere» Shareholderin der künftigen Gesellschaft, an die das Land übergehen konnte.

Die Frage der Organisation der neuen Firma *CB Georgia* war dadurch aber noch nicht gelöst und bereitete mir einiges Kopfzerbrechen. Die einhellige Empfehlung aller Bekannten, mit denen ich über unser Abenteuer sprach und die mit solchen Vorhaben Erfahrungen hatten, war, eine Person unseres Vertrauens zu engagieren, die das Geschäft vor Ort besorgen würde, und nicht einmal daran zu denken, so einen Betrieb von der Schweiz aus führen zu wollen. Das leuchtete mir ein: es brauchte einen Chef vor Ort. Der Gedanke, uns von einer starken Person abhängig zu machen, behagte mir allerdings nicht besonders. Umso mehr, als mir einige Geschichten über lokale «Fürsten» zu Ohren kamen, die ihre Machtposition ausnutzten.

Ein Kandidat der ersten Stunde, der sich als Direktor von CB Georgia selbst ins Spiel brachte, war Botschaftsattaché Ilia Marjanidze. Er wäre, wenn die Bedingungen stimmten, sofort bereit gewesen, seinen diplomatischen Posten an den Nagel zu hängen und CB Georgia gemäss der Vision, die er ja mitgetragen hatte, in die Tat umzusetzen. Seine Motivation freute mich sehr und er hätte auch gute Verbindungen mitgebracht – auf der anderen Seite fehlten ihm jegliche Kenntnisse und Erfahrungen für die Realisierung eines solchen landwirtschaftlichen Projekts.

Nach vielen Diskussionen und einer schwierigen Absage an Ilia entschieden wir uns schliesslich dafür, nicht nur einen Chef zu suchen, sondern ein Team mit drei Profilen: eine Leitungsperson für den Betrieb, eine für die Administration und eine für die Gesamtführung der Firma. Ein entsprechender Suchauftrag an einen georgischen Headhunter wurde aufgesetzt, den ich mit einem mulmigen Gefühl nochmals durchlas. Wollten wir im Jahr 2020 mit dem Anpflanzen der Bäume beginnen – die Sprösslinge hatten wir vorsorglich in einer Baumschule in Deutschland gekauft –, mussten wir jetzt dringend die Leitung der Firma in Georgien besetzen. Und daher unterschrieb ich wohl oder übel den auf Englisch übersetzten Auftrag für die Suche der Führungscrew.

Manchmal kommt es anders

Dieses Suchen von Schlüsselmitarbeitern auf Distanz, dazu noch durch fremde Leute, passte mir überhaupt nicht, aber mit dieser Unsicherheit musste ich leben lernen. Sie gehört zu so einem Geschäft in fernen Ländern einfach dazu. Da ereignete sich wieder einmal ein glücklicher Zufall: Der Nahrungsmittelhändler *Narimpex* hatte seine ehemalige Mitarbeiterin Joëlle Vuillème, die bei uns inzwischen das Besucherzentrum leitete, zu einem Jahresend-Apéro eingeladen. Sie nahm daran teil in Begleitung von Jean Kernen. Dieser lernte am Anlass Ueli Baruffol von *Pakka* kennen, einem Zürcher Hersteller von hochwertigen Bio-Nüssen. Im Gespräch stellte sich heraus, dass auch Pakka an einem Projekt in Georgien beteiligt ist, allerdings im Anbau von Mandeln. Der Verantwortliche für den Mandelanbau sei ein gewisser Ashish Kapur, den Baruffol in den höchsten Tönen lobte.

Je länger Ueli Baruffol und Jean Kernen über ihre Projekte sprachen, desto mehr Parallelen stellten sie fest: Erstens lagen die beiden Parzellen nahe beieinander und zweitens stellten Camille Bloch und Pakka dieselben Anforderungen an die Qualität der Nüsse. Da in dem vorliegenden Fall Pakka bereits drei Jahre Erfahrungen mit dem Projekt in Georgien gemacht hatte, sagte Jean, es sei möglicherweise sinnvoll, Ashish zu kontaktieren, bevor wir mit der Suche des

Managements starten. Eventuell könnten sich zwischen den beiden Bewirtschaftungen sogar Synergien ergeben. Doch Ashish wollte nichts wissen von Haselnüssen. Er hatte sich auf Mandeln spezialisiert und das genügte ihm. Schliesslich war er nach einigen weiteren Gesprächen bereit, auf einer Reise von London nach Georgien in Basel einen Zwischenhalt einzulegen, um Jean und René zu treffen.

Ashish Kapur

An einem Samstag Ende Januar 2020 war ich – auf der Durchreise auf meinem alljährlichen Weg nach Köln – ebenfalls in Basel und konnte zum vereinbarten Treffen dazustossen. Wir trafen uns in einem sehr nüchternen Raum in einem Basler Bürogebäude unweit vom Bahnhof. Ashish war nicht allein gekommen: Marco Righetti, Finanzchef der Pakka AG, war ebenfalls anwesend, ein imposanter Mann mittleren Alters mit breitem amerikanischem Akzent. Er entpuppte sich als Berater eines amerikanischen Pensionsfonds, dem Hauptinvestor im Mandelprojekt von Ashish in Georgien, und war auf der Suche nach weiteren ähnlichen Investments.

Eine ziemlich bunte Truppe, die ich da kennenlernte: ein Schweizer Hersteller von Bio-Nüssen, ein amerikanischer Investor und vor allem Ashish, ein freundlicher, vifer, feingliedriger Engländer Mitte dreissig mit indischen Wurzeln, der in London lebte, dort das Vermögen von Pensionskassen verwaltete und eines Tages entschieden hatte, in Georgien ein Landwirtschaftsprojekt zu managen. Mir gefiel dieser Mix. Dass offenbar auch die Amerikaner als Weltmarktführer im Mandelanbau an georgischen Mandeln Geschmack gefunden hatten, gab mir ein gutes Gefühl. Meine erste Frage an Ashish war naheliegend: Wie er um alles in der Welt dazu gekommen sei, als Londoner Pensionskassenverwalter ausgerechnet in Georgien Mandeln anzubauen?

Grosse berufliche Veränderungen entstehen in der Regel viel kontinuierlicher, als man meint. Das Klischee des Investmentbankers auf Sinnsuche, der plötzlich Bauer wird, ist zwar die spektakulärere Geschichte, doch kommt sie wohl in der Praxis selten vor und noch seltener gut. Doch tatsächlich war es im Fall von Ashish so, dass er seinen Job in London aufgab, um nach alternativen Finanzanlagen in der Landwirtschaft Ausschau zu halten, an denen er sich auch privat beteiligen wollte. Er war überzeugt, dass die Landwirtschaft aufgrund der nachhaltigen Erträge für Pensionskassen attraktiv sein könnte. Schliesslich entschied er sich für den Mandelanbau und absolvierte dafür in Kalifornien ein Praktikum als Mandelbauer.

Nun musste er geeignetes Land finden. Bevor er sich für Georgien entschied, evaluierte Ashish verschiedene Länder. Amerika kam aufgrund seiner Erfahrungen mit den Leuten nicht infrage, Frankreich, wo seine Eltern lebten, war ihm zu kompliziert. In diesem Punkt waren wir uns schon einmal einig. Der Zufall wollte es schliesslich, dass er auf Georgien stiess. Auf einer Reise mit seiner ukrainischen Freundin bestellte er in Odessa *Khachapuri*, eine Art Käsekuchen, den er so köstlich fand, dass er bis heute ins Schwärmen gerät. Der Kellner klärte ihn auf, dass das Gericht ursprünglich nicht aus der Ukraine, sondern aus Georgien komme und dort noch besser schmecke. Das veranlasste das Paar, einige Tage später Georgien zu besuchen. In Kachetien, im Osten des Landes, sah Ashish Aprikosen- und Pfirsichbäume blühen, und da diese Bäume ähnliche Voraussetzungen brauchen wie Mandelbäume, begann er in Georgien Land für seine Mandeln zu suchen und fand es mithilfe von örtlichen Organisationen. Im Jahr 2017 konnte er sein Projekt starten.

Ein langer Weg vor uns

Schnell stellte sich im Gespräch heraus, dass Ashish und der amerikanische Investor den Plan verfolgten, ihre und unsere Ländereien zu fusionieren, um damit ihrer Vision von zweitausend Hektaren Land näherzukommen. In dieses Konzept passten wir nicht ganz, da wir ja eigenes Land wollten und uns nicht als Teilhaber eines grösseren Gebiets sahen. Überdies wollten wir Haselnüsse und nicht Mandeln anpflanzen. Und doch gab es zwischen uns viele Gemeinsamkeiten und die Parzellen lagen nur wenige Kilometer auseinander. Im Lauf des Gesprächs gelang es uns, trotz dieser unterschiedlichen Perspektiven auf eine konkrete Ebene einer möglichen Partnerschaft zu gelangen. Aus meiner Sicht war Ashish ein absoluter Glücksfall: Er hatte sein Mandelprojekt von null auf gestartet, kannte die politischen und administrativen Verhältnisse in Georgien, hatte ein lokales Team aufgebaut, hatte als Mann aus der Finanzbranche einen Sinn für Zahlen und Kosten, und vor allem glaubte er an die Landwirtschaft.

Natürlich war Ashish von unserem Konzept auch angetan. Was aber für ihn den Ausschlag gab, in eine Partnerschaft für die Bewirtschaftung unseres Landes einzuwilligen, erfuhren wir erst später. Bei der Vorstellungsrunde in Basel erklärten sowohl Jean wie auch René, dass sie seit über zehn Jahren bei Camille Bloch tätig seien. Das überzeugte Ashish schliesslich, denn es wäre für ihn keine Option gewesen, ein Projekt zu führen, in dem die Ansprechpersonen ständig wechselten. In den nächsten Tagen nach dem Treffen unterschrieb Ashish einen Managementvertrag, wonach er unser Land gegen eine fixe Entschädigung und gemäss einem Businessplan bewirtschaften würde. Die Suche nach lokalen Managern erübrigte sich. Ich war erleichtert.

Ashish steht heute fast täglich in Kontakt mit René. Er hat mit seinem Team, mit Unterstützung von Andreas Gauch und vielen lokalen Arbeitern das Land eingezäunt, ein

Bewässerungssystem erstellt, auf fast zweihundert Hektaren hunderttausend Bäume angepflanzt und ungefähr die Hälfte davon mit der speziellen Methode von Gauch mit einer anderen Sorte veredelt. Die Gleichung mit den vielen Unbekannten ist allerdings noch lange nicht gelöst. Der schreckliche Krieg zwischen Russland und der Ukraine in der unmittelbaren Nachbarschaft hat neue politische Risiken geschaffen. Ein Jahr nach der Veredelung der Bäume mussten wir feststellen, dass die Methode von Gauch, die im Kanton Aargau problemlos funktioniert hatte, nicht eins zu eins auf die georgischen Verhältnisse übertragen werden kann.

Wir mussten gewisse landwirtschaftliche Vorkehrungen treffen, weil die Erde in Kachetien dichter ist als auf dem Hof von Gauch, damit die Stämme der Bäume vom Boden genügend Nährstoffe erhalten, die sie an die aufgesetzten Zweige weitergeben können. Noch haben wir mit den Behörden keinen Weg gefunden, wie Chocolats Camille Bloch die formelle Kontrolle über seine Tochtergesellschaft in Georgien übernehmen kann. Eine weitere Hiobsbotschaft erreichte uns am 17. August 2023: Nana Janashia, die formelle Eigentümerin von CB Georgia, wurde auf einer Reise in der Dominikanischen Republik durch einen Blitzschlag tödlich getroffen. Die Aktien befinden sich momentan in ihrem Nachlass.

Wir haben im Projekt *Tkhilis* viele Rückschläge erlitten. Doch die Vision, die Manufaktur Camille Bloch mit eigenen Haselnüssen noch hochwertiger zu machen, treibt uns weiterhin vorwärts und erweist sich als eine mitreissende Geschichte in eine Zukunft, auf die wir uns freuen dürfen.

«FIGHT FOR THE THINGS
THAT YOU CARE ABOUT,
BUT DO IT IN A WAY THAT
WILL LEAD OTHERS TO
JOIN YOU.»

Ruth Bader Ginsburg,
amerikanische Richterin

SCHLUSSWORT

Auf einer längeren Reise durch den Balkan und Griechenland machten meine Frau und ich im Frühjahr in Delphi halt. Für die alten Griechen war es das Zentrum der Welt, denn genau hier sollen sich der Legende nach zwei von Zeus ausgesandte Adler getroffen haben. Noch heute kann man in Delphi die Spuren dieses Apollo-Heiligtums besuchen und im archäologischen Museum die einmaligen Fundstücke bewundern. Man würde meinen, in so einem Museum müsse der Superstar der Ausstellung ein Gott, ein Halbgott oder zumindest ein Heros sein, wie sie die Griechen so sehr verehrten. Stattdessen sticht eine ganz andere Figur aus allen anderen hervor: Es ist die Statue eines Sterblichen, eines einfachen Wagenlenkers.

In sich ruhend, den Blick konzentriert nach vorne gerichtet, die bronzenen Zügel in den Händen, warten er und seine imaginären Pferde auf den Startschuss zum Wettkampf.

Auf einmal drängt sich seine Präsenz in den Vordergrund und gibt mir zu verstehen: «Ich bin es, der beachtet werden muss, ich, und sonst niemand.» Da verschafft sich eine stille Kraft Aufmerksamkeit, die ohne Imponiergehabe und Firlefanz auskommt. Um alle anderen Protagonisten der Sammlung zu überstrahlen, genügt es, dass er sich – wie kein anderer – auf seine Sache einlässt, den Fokus auf das unmittelbar bevorstehende Ziel richtet, mit seiner ganzen Kraft, seinem ganzen Herzen und seiner Seele. Dadurch wirkt er souverän, vollkommen bei sich und hinterlässt einen unvergesslichen, magischen Eindruck.

Wenn die Archäologinnen einer kommenden Epoche einst das eindrücklichste Erbe aus unserer kapitalistischen Gesellschaft ausgraben sollten, so stossen sie hoffentlich nicht nur auf diejenigen, welche den grössten Erfolg erreicht und die gewaltigsten Spuren hinterlassen haben.

Ich hoffe, sie werden den Menschen der Zukunft auch die vielen Wagenlenker unserer Zeit präsentieren können: Persönlichkeiten, die inspirierten, indem sie in einer flirrenden Zeit voller Optionen mit Würde verkörperten, wer sie waren.

Mit meinen Geschichten wollte ich das Gefühl vermitteln, dass darin auch der tiefere Sinn, das wahrhaftige Glück, der eigentliche Jackpot des Lebens liegt.

DANK

Vielen Personen bin ich zu grossem Dank verpflichtet. Zuallererst meiner Mutter, der ich das Buch widme. Ihr verdanke ich, dass sie mir das ehemalige Büro meines Vaters zur Verfügung stellte, in dem ich in vollkommener Ruhe schreiben konnte. Der Schreibprozess während und nach der Pandemie war auch eine willkommene Gelegenheit, in regem Austausch mit ihr zu sein. So gestaltete er sich weniger einsam, und war, da sie mir immer wieder etwas kochte, auch kulinarisch keineswegs mit Verzicht verbunden. Das Schreiben dieses Buches wird immer mit der Erinnerung an sie verbunden sein.

Dann geht mein Dank an meine beiden Geschwister Laurence und Stéphane, die vielleicht unbewusst dazu beigetragen haben, dass ich mich als mittleres Kind schon früh mit dem Thema der Abgrenzung, das für dieses Buches entscheidend ist, befassen musste.

Ich danke den Leserinnen und Lesern meines ersten Buchs, dass sie mich mit ihren Komplimenten ermutigt haben, ein zweites zu schreiben. Speziell erwähnen möchte ich meinen Onkel Jean-Claude, auch er Unternehmer und Vorbild aus meiner Kindheit. Es tut mir leid, dass er nicht mehr da ist und mein zweites Buch nicht lesen kann. Dann auch Thomas Zellweger, Professor an der Universität St. Gallen und Direktor des *Center for family business*. Er hat mein erstes Vorwort zu diesem Buch aufmerksam gelesen, das ich dank seiner kritischen Bemerkungen mehrfach überarbeitet habe.

Nahestehenden Mitarbeitenden, von denen die meisten im Buch namentlich vorkommen, danke ich für den Stoff, den sie mir für meine Geschichten immer wieder liefern. Vor allem bin ich ihnen dankbar für den intensiven, ehrlichen Austausch, dass sie nicht jedes Wort als mein letztes Wort auffassen und damit zulassen, dass meine Gedanken Gestalt annehmen können.

Meinem Verleger Thomas Knapp danke ich, dass er mich dank der Vermittlung des Journalisten Michael Hug als

Mann der Wirtschaft und untypischen Autor in seinen Verlag aufgenommen hat. Die Zusammenarbeit mit ihm war immer zupackend, klar und motivierend. Ich danke Alice Blumer für die grafische Gestaltung, Petra Meyer für die Korrekturlesung, Benjamin Güdel für die Illustrationen und Eva Zurbriggen für das Daumenkino.

Ich danke meinen lieben Kindern Salome, Arsène und Danaë für den ganzen Schwung und Sinn, den sie mir geben. Ohne sie hätte ich kein Buch über die Zukunft meines Unternehmens geschrieben.

Dieses Buch verdanke ich meiner Frau Esther. Sie hat die unendlich vielen Versionen meiner Texte mit unglaublicher Sorgfalt sprachlich verbessert, mit Zwischentiteln strukturiert und verständlicher gemacht. Sie war die unermüdliche treibende und koordinative Kraft zwischen allen Beteiligten im Entstehungsprozess des Buches. Mit ihrer Unterstützung ist für mich fast alles möglich. Unendlichen Dank.

BIOGRAFIE

Daniel Bloch arbeitete nach seinem Anwaltsexamen in der Papierindustrie und anschliessend in einer Anwaltskanzlei in New York. 1994 trat er ins Familienunternehmen Chocolats Camille Bloch ein. Nach einem MBA am INSEAD in Fontainebleau übernahm Daniel Bloch sukzessive die Verantwortung für das Unternehmen von seinem Vater Rolf Bloch. Seit 2005 ist er CEO und Verwaltungsratspräsident der familiengeführten Firma mit Sitz in Courtelary. 2017 erschien sein erstes Buch «Creating Passion – Vom Sprung aus dem warmen Wasser».

LEKTORAT	Esther Schönenberger Bloch
KORREKTORAT	Petra Meyer
LAYOUT | SATZ	Alice Blumer
ILLUSTRATIONEN	Benjamin Güdel
DAUMENKINO	Eva Zurbriggen
FOTO BIOGRAFIE	Ariane Pochon
DRUCK	CPI – Clausen & Bosse, Ulm

1. Auflage September 2024
ISBN 978-3-907334-31-7

www.knapp-verlag.ch
Der Knapp Verlag wird vom Bundesamt für Kultur mit einem Strukturbeitrag für die Jahre 2021 bis 2024 unterstützt.

Alle Rechte liegen beim Autor und Verlag. Kein Teil des Werks darf in irgendeiner Form ohne Genehmigung der Herausgeber verwendet werden.
Gedruckt auf umweltfreundlichem FSC-Papier. Aus ökologischen Gründen folieren wir die Bücher nicht einzeln in Plastik.

FSC www.fsc.org
MIX
Papier | Fördert gute Waldnutzung
FSC® C083411